Elisabeth Leicht-Eckardt (Hrsg.)

Bewohnerorientierte Hauswirtschaft

Praktische Konzepte und ihre Umsetzung in der Altenhilfe

Elisabeth Leicht-Eckardt (Hrsg.)

Bewohnerorientierte Hauswirtschaft

Praktische Konzepte und ihre Umsetzung in der Altenhilfe

vnm Verlag Neuer Merkur GmbH

Bibliografische Informationen der Deutschen Bibliothek
Die Deutsche Bibliothek verzeichnet diese Publikation in der Deutschen Nationalbibliografie; detaillierte bibliografische Daten sind im Internet über http://dnb.ddb.de abrufbar.

Verlagsort: Postfach 60 06 62, D-81206 München

Elisabeth Leicht-Eckardt (Hrsg.)
Bewohnerorientierte Hauswirtschaft – Praktische Konzepte und ihre Umsetzung in der Altenhilfe

1. Auflage 2006
ISBN 10er: 3-937346-27-9
ISBN 13er: 978-3-937346-27-4

Titelgestaltung: Dagmar Papic
Layout: Peter Hänssler

Druck: Triltsch Print und digitale Medien, Ochsenfurt-Hohestadt

Teil 3
Hauswirtschaft in der Praxis

Vorwort der Herausgeberin

Der tägliche Umgang mit Menschen ist eine besondere Herausforderung. Dies gilt für die Versorgung, Betreuung und Pflege im institutionellen wie im ambulanten Kontext und erfordert von Personal und Angehörigen Aufmerksamkeit und Kenntnisse sowie Einfühlungsvermögen.

Hauswirtschaftliche Tätigkeiten eignen sich in hohem Maße als Interaktionsfelder für betreuungsbedürftige Menschen und ihre Bezugspersonen, da damit einerseits die notwendige Versorgung und Betreuung sichergestellt wird, andererseits für die Betroffenen eine sinnvolle, strukturierende und teilweise auch therapeutische Betätigung im Alltag geschaffen werden kann.

Das Buch vermittelt Überblick und Einblick in die unterschiedlichen hauswirtschaftlichen Bereiche, die bei Planung und Organisation von stationären, teilstationären und ambulanten Wohn- und Versorgungssituationen zu berücksichtigen sind. Im Vordergrund steht dabei die Zielgruppe der älteren Menschen.

Auch kleine Störungen in der alltäglichen Versorgung können Bewohner stark beeinflussen, zum Beispiel hinsichtlich ihres Ernährungsverhaltens. Insbesondere bei Menschen mit Demenz ist die Gefahr einer Mangelernährung groß. Hier ist es wichtig, rundum – für Bewohnerinnen und Bewohner, Mitarbeiter und Mitarbeiterinnen – eine Atmosphäre des Wohlfühlens, der Geborgenheit und der Sicherheit zu schaffen. Dazu gehört es, für beide Gruppen – soweit als möglich und sinnvoll – ein aktives Miteinander für alle Bereiche des Alltags (Wohnen, Verpflegung, Reinigung, Freizeit etc.) zu gestalten. Hauswirtschaft in ihren vielfältigen Ausprägungen kann und soll hierbei eine zentrale und verantwortungsvolle Rolle übernehmen.

In diesem Buch werden wesentliche Rahmenbedingungen wissenschaftlich fundiert, grundlegend und praktisch anwendungsbezogen für die verschiedenen hauswirtschaftlichen Aufgabengebiete sowie anhand von konkreten Beispielen dargestellt und alle Bereiche von hauswirtschaftlichen Tätigkeiten im Alltag älterer Menschen umfassend beschrieben. Vermittelt werden zudem praktische Hilfen für die alltägliche Organisation, Abläufe und Kommunikation hinsichtlich der Bedürfniserfüllung von Bewohnern und Mitarbeitern.

Alle Einzelbeiträge enthalten Literatur- und sonstige Quellenhinweise, so dass Interessierte sich über das Buch hinaus weiter informieren können. Zusätzlich ergänzen praxisorientierte Übersichten und Checklisten einzelne Bereiche.

Das Buch bietet damit eine wissenschaftlich fundierte, grundlegende, aber verständlich formulierte Basis für eine Auseinandersetzung mit der Versorgung und Betreuung von älteren Menschen. Besonders Menschen mit demenzieller Erkrankung und die Konzepte von Haus- bzw. Wohngemeinschaften stationärer Einrichtungen werden in Hinblick auf die Sicherstellung der Lebensqualität von Bewohnern und der Arbeitsqualität von Mitarbeitern thematisiert. Gleichzeitig ist diese Veröffentlichung ein praxisorientierter Leitfaden, der Mitarbeiterinnen und Mitarbeiter der Hauswirtschaft bei der täglichen Versorgung und Betreuung von Bewohnerinnen und Bewohnern unterstützt. Damit ist dieses Buch eine hervorragende Grundlage für Leitungen und hauswirtschaftliches Personal von stationären Einrichtungen und ambulanten Diensten der Altenhilfe sowie für Angehörige, die Hilfestellung im Erkennen und Erfüllen von Bedürfnissen und Bedarfen dementer Menschen benötigen.

Die Autorinnen und Autoren sind ausgewiesene Expertinnen und Experten aus verschiedenen Feldern der Haushalts- und Ernährungswissenschaft, der Gerontologie sowie der Hauswirtschaft. Die Verfasserinnen und Verfasser eint ihre interdisziplinäre Sichtweise und das Ziel, mit ihren Beiträgen in diesem Buch zum gegenseitigen Verständnis aller Beteiligten in Einrichtungen der Altenhilfe beizutragen und Hilfestellung in deren Alltag zu geben.

Elisabeth Leicht-Eckardt

Teil 1
Hauswirtschaft als Basis des Bewohneralltags

Martina Feulner
Hauswirtschaft als Basis der Alltagsgestaltung

1 Die neuen Konzepte in der Altenhilfe: Wo steht die Hauswirtschaft?

Die neuen alltags- und lebensweltorientierten Konzepte in der Altenhilfe stellen die Hauswirtschaft vor eine wichtige Herausforderung. Notwendig wird mit diesen Konzepten die Überprüfung des beruflichen Selbstverständnisses und der handlungsleitenden Intention der beteiligten Professionen, wie sie bislang die Altenhilfe geprägt haben.

In den Hausgemeinschaften, Wohngruppen und tagesstrukturierenden Maßnahmen ist ein neuer Ansatz beabsichtigt, der die Menschen und ihren Lebensalltag in den Mittelpunkt stellt, als einen Alltag, der wirklich gelebt und erlebt werden soll. In diesem Kontext sind es die hauswirtschaftlichen Aufgaben und Verantwortungsbereiche, die wichtig werden und im Hinblick auf ihre Ziele und Handlungskonzepte neu ausgerichtet werden müssen. Gefragt ist eine bewohnerorientierte Hauswirtschaft, in der so viel Selbstbestimmung und Beteiligung wie möglich von den Bewohnerinnen und Bewohnern selbst wahrgenommen wird.

Im Alter ist die eigene Wohnung ein wichtiger Lebensort, tägliche Rituale haben eine hohe Bedeutung, und die Aufgabe der eigenständigen und selbstverantworteten Versorgung spielt eine große Rolle. Damit sind Begleitung, Unterstützung und Förderung der Selbstständigkeit zentrale Handlungselemente. Die Bewohner werden für die Hauswirtschaft zu Akteuren in der Alltagsgestaltung, denen so viel Raum zu geben ist, wie sie für sich einnehmen wollen. Sie sind die Auftraggeber für die Dienstleistungen des Alltags, damit mit diesem Ansatz der Alltag zu ihrem Alltag wird.

Aus den Lebensweisen im Alter müssen für das berufliche Selbstverständnis sehr deutlich die Rückschlüsse gezogen werden, dass die Wohnung als Ort der Hauswirtschaft und die hauswirtschaftlichen Arbeits- und Funktionsbereiche zu wichtigen Gestaltungselementen werden.

Damit wird eine grundlegende Auseinandersetzung mit der Hauswirtschaft und ihrem Dienstleistungsangebot wichtig. Um die neuen Konzepte auch mit neuen Inhalten zu füllen, muss vom Hauswirtschaftsverständnis Abstand genommen werden, wie es sich in den stationären Einrichtungen der Altenhilfe in den letzten Jahrzehnten herausgebildet hat. In den Einrichtungen sind hauswirtschaftliche Funktionsbereiche entstanden, die in Küche, Hausreinigung, Wäscheversorgung und Hausgestaltung gegliedert wurden. Oftmals haben sich Einrichtungen für eine weitere Binnendifferenzierung entschieden, die in Küche und Hauswirtschaft unterteilt ist, in der dann nur noch die Hausreinigung, Wäscheversorgung und Hausgestaltung vereint ist. Die Hauswirtschaft wurde mit diesem Ansatz aus ihrem ganzheitlichen Kontext herausgelöst und teilweise sinnentstellend aufgeteilt.

Die neuen Konzepte erfordern einen Ansatz, der den Haushalt als Einzelwirtschaft wieder in den Mittelpunkt stellt, in dem Personen und Personengruppen zusammenleben und -wirtschaften. Haushalte sind Institutionen, die unmittelbar der Versorgung von Menschen dienen und von diesen persönlich gestaltet werden. Dieses Zusammenleben hat dabei erst einmal Themen und Aufgaben im Blick, die das Leben den Menschen stellt. Die Unterstützung und Pflege im Alter und bei Krankheit sind in dieser Betrachtung zunächst Aufgaben, für die im Haushalt eine Lösung entwickelt werden muss. Sie werden und sind immer Teil des Alltags und müssen, eingebunden in den tagtäglichen Ablauf, gelöst werden.

Zu einem besseren Verständnis des Zusammenspiels ist es hilfreich, Haushalte und ihre Mitglieder – die Familie oder die Bewohner einer Wohngemeinschaft – als systemisch zu betrachten, in einem Ansatz, wie er von Rosemarie von Schweitzer entwickelt wurde (SCHWEITZER, 1983, S. 102). Dieser Ansatz ist hilfreich, um die enge Verzahnung von hauswirt-

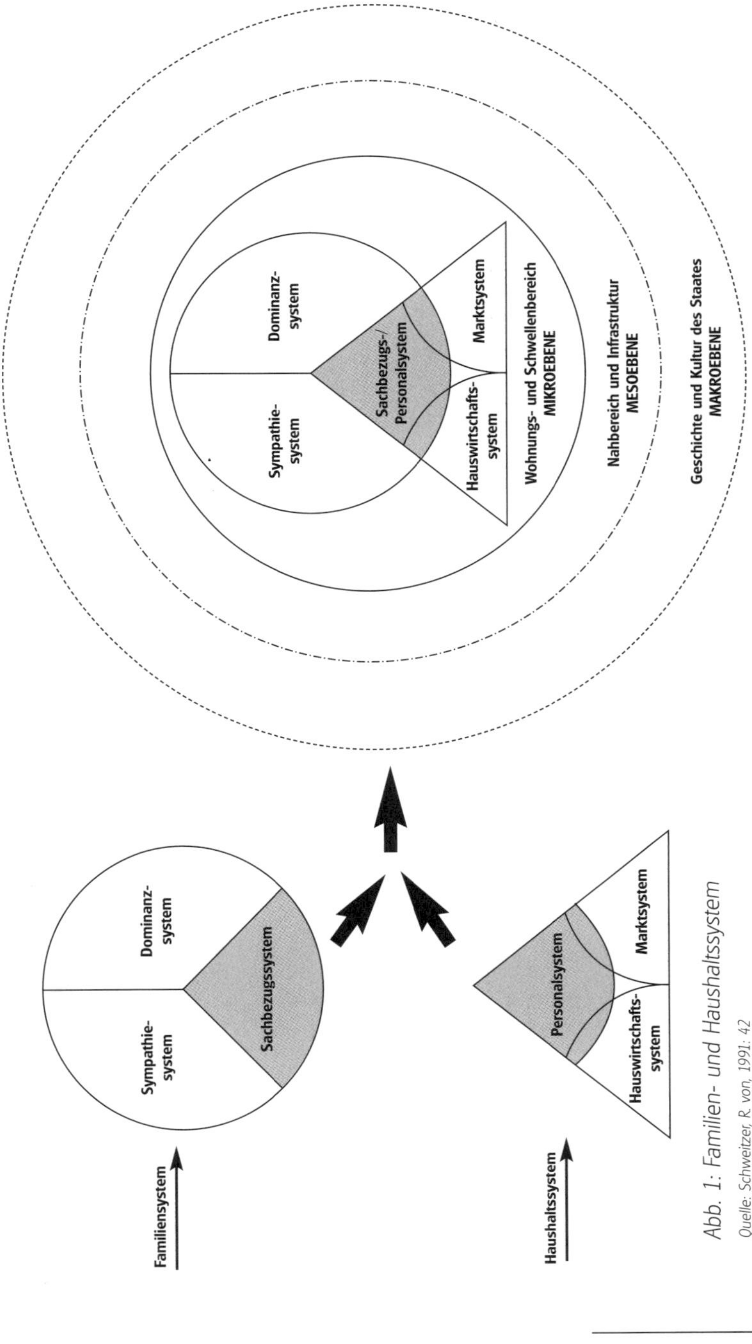

Abb. 1: Familien- und Haushaltssystem

Quelle: Schweitzer, R. von, 1991: 42

schaftlicher Versorgung mit den Mitgliedern eines Haushalts zu verstehen und für die Praxis der alltags- und lebensweltorientierten Konzepte umzusetzen.

Aufgabe des so genannten Familiensystems ist es, den Umgang der Familienmitglieder untereinander und mit der Umgebung zu gestalten. Es trägt die Verantwortung für das Zusammenleben und -wirtschaften, ein wichtiger Teil dieser Verantwortung fällt auf die Aufgaben der Haushaltsführung.

Das Familiensystem wird von Rosemarie von Schweitzer in Sympathie-, Dominanz- und Sachbezugssystem untergliedert. Es hat eine enge Verbindung zum Haushaltssystem, das sie in Personalsystem, Hauswirtschaftssystem und Marktsystem gliedert. Beide Systeme werden deshalb mit einer gemeinsamen Schnittmenge dargestellt.

In einem Haushalt ist damit die Hauswirtschaft ein Subsystem mit verschiedenen Arbeits- und Funktionsbereichen, die die unmittelbaren Versorgungs-, Pflege- und Erziehungsleistungen bereitstellen (SCHWEITZER, 1983, S. 325f.). In Anlehnung an die Konstruktion der Alltagssicherung in privaten Haushalten müssen hauswirtschaftliche Dienstleistungen in ihrer Gesamtheit gesehen werden. Die arbeitsteilige Aufteilung der Aufgaben auf verschiedene Mitarbeiter/-innen und unterschiedliche Professionen ist der zweite Schritt, der nicht ohne den ersten erfolgen darf. Wird auf die Gesamtschau verzichtet und im gewohnten Denken der Schnitt- und Nahtstellen zwischen hauswirtschaftlichen und pflegerischen Mitarbeitern gehandelt, verliert sich der Gedanke der Alltagsgestaltung sehr schnell. Das alte professionsbezogene Denken blendet zum Beispiel Themen des Alltags aus, die nicht eindeutig zugeordnet sind.

Für die Hauswirtschaft als Fachbereich sind in den Konzepten der Alltags- und Lebensweltorientierung folgende Aufgaben und Zuständigkeiten zu gestalten:

- Die hauswirtschaftlichen Handlungen der täglichen Daseinsvorsorge sind die in der Gemeinschaft zu gestaltenden Aufgaben der Alltagsgestaltung.
- Die Orte und Räume, in denen hauswirtschaftliche Dienstleistungen erbracht werden, sind als Hauswirtschaftsräume wichtig.

- Die Art und Weise der Begleitung, Förderung und Unterstützung der Bewohnerinnen und Bewohner ist zentraler Bestandteil des Handlungskonzepts.

Spätestens mit der Einführung der Haus- und Wohngemeinschaften für Menschen mit demenziellen Erkrankungen wurde deutlich, dass Veränderungen und Neuorientierungen in der Altenhilfe nicht mehr allein die Pflege betreffen. Werden neue Ansätze diskutiert und erprobt, müssen sich alle in der Altenhilfe beteiligten Fachbereiche damit auseinandersetzen. Einrichtungen der Altenhilfe sind – wie alle sozialen Einrichtungen – komplexe Systeme mit vielfältigen Verzahnungen und Kooperationsbeziehungen. Erst im Zusammenspiel der verschiedenen Fachbereiche entsteht ein stimmiges Altenhilfeangebot. Je passgenauer sich die einzelnen Fachbereiche miteinander abstimmen, umso besser fügt sich das interdisziplinäre Angebot zu einem gemeinsamen Ganzen zusammen. Mit den Konzepten der Alltags- und Lebensweltgestaltung werden Ansätze implementiert, die auf das reibungslose Zusammenspiel von Mitarbeitern der unterschiedlichsten Professionen aufbauen und damit eine Abstimmung der beteiligten Fachbereiche Hauswirtschaft, Pflege und Soziale Dienste voraussetzen.

Mit dem Ziel, den Alltag bewohnerorientiert zu gestalten, ist die Hauswirtschaft gefordert, sich mit ihren fachlichen Grundlagen neu auseinanderzusetzen. Für eine Neudefinition der Ziele und Handlungsleitlinien hauswirtschaftlicher Dienstleistungen in der Altenhilfe wird es notwendig, Denkansätze zu entwickeln, die von den Bewohnern und ihrem Alltagserleben ausgehen. Die Hauswirtschaft kann an dieser Stelle auf die Grundlagen haushälterischen Handelns zurückgreifen, wie sie in der Haushaltswissenschaft für die Wirtschaftslehre des privaten Haushalts zum Beispiel von Lore Blosser-Reisen und Rosemarie von Schweitzer in den 60er Jahren entwickelt wurden. Für die Praxis in der Altenhilfe ist dann wichtig, diese Ansätze mit den Handlungskonzepten der Altenpflege zu verknüpfen. Erst durch diese Verknüpfungen kann ein Konzept entstehen, das von Bewohnerinnen und Bewohnern in Einrichtungen der Altenhilfe als stimmig und ohne Brüche erlebt wird.

2 Von der Versorgung zur Alltags- und Lebensweltorientierung

Immer wieder neu stellte man sich in der Altenhilfe die Frage: Was sind zielführende Rahmenkonzeptionen und -leitbilder? In der Betrachtung der Entwicklungen in der Altenhilfe wird deutlich, dass in den letzten Jahrzehnten grundlegende Perspektivwechsel stattgefunden haben.

Versorgung und Verwahrung

Bis in die 60er Jahre hinein werden Einrichtungen der Altenhilfe ohne fachliche Spezifizierungen mit dem Ziel angelegt, Menschen im Alter zu versorgen. Zentrale Versorgungsstrukturen, Mehrbettzimmer und eine minimale Infrastruktur in den Gemeinschaftsbereichen bestimmen die Konzeptionen. Hauswirtschaftliche Dienstleistungen werden zentral erbracht, zum Teil mit einem sehr geringen Professionalisierungsgrad.

Medizinische Behandlung

In der Professionalisierung der 70er und 80er Jahre orientieren sich die Einrichtungen an der Medizin und an der Krankenpflege. In der Hauswirtschaft entwickeln sich auf einen hauswirtschaftlichen Dienstleistungsbetrieb ausgerichtete Verfahren und Methoden.

Aktivierung

In der Pflege werden in den 90er Jahren verschiedenste Ansätze der Aktivierung und der Sicherung des Wohn- und Lebensumfelds sowie der Gestaltung der Umgebung wichtig. Die Entwicklungen in der Hauswirtschaft sind in erster Linie auf Effizienz ausgerichtet. Die fachlichen Spezifizierungen in der Pflege werden zu Handlungsansätzen, die sehr schnell in Richtung Therapie gehen, während die Hauswirtschaft mit ihrem Dienstleistungsangebot zur reinen Versorgung wird, der immer wieder jeder Bewohnerbezug abgesprochen wird.

Alltags- und Lebensweltorientierung

Das Konzept der Lebensweltorientierung stellt den Menschen in den Mittelpunkt, der sein Leben und damit seinen Alltag in einer Einrichtung lebt. Aus dem Auftrag der Betreuung, Pflege und Versorgung – wie er für Einrichtungen der Altenhilfe besteht – formuliert Karla Kämmer das Ziel: *Soviel Normalität und Eigenverantwortung wie möglich und gerade so viel Betreuung und Unterstützung wie nötig* (KÄMMER, 2002).

Sich in der Betreuung, Pflege und Versorgung an der Lebenswelt der Bewohnerinnen und Bewohner zu orientieren, lässt sich mit folgenden zentralen Merkmalen charakterisieren:

- Angebote, die sich am einzelnen Menschen orientieren,
- Gestaltungsspielräume im Lebensalltag fördern,
- Biografieorientierung,
- angepasstes Milieu,
- dazugehören, beteiligen (KÄMMER, 2005).

Das heißt ganz konkret für die Umsetzung:

- Nicht mehr die Gruppe der Heimbewohner ist wichtig, sondern die einzelne Bewohnerin und der einzelne Bewohner.
- Individuell – für die einzelne Bewohnerin und den einzelnen Bewohner – sind Gestaltungs- und Handlungsspielräume zu entwickeln und zugänglich zu machen.
- Der Alltag mit seiner Strukturierung, den Aufgaben der Daseinsvorsorge, den verschiedensten Ereignissen, Begegnungen und Beobachtungen wird wichtig.

Die Frage nach dem, was die Lebensqualität der Bewohnerinnen und Bewohner ausmacht, ist mit dem Lebensweltkonzept neu gestellt. Während die Handlungsleitlinien der Vergangenheit fachlich ausgefeilte Pflege- oder Hauswirtschaftskonzeptionen in den Vordergrund stellten, lässt die Betrachtung aus Sicht der Bewohner vieles in einem neuen Licht erscheinen. In den Lebenswelten entstehen dann zum Beispiel Gerichte, die im ersten Moment sehr ungewöhnlich aussehen, aber sie schmecken den Bewohnern der Wohngruppe. Wie Traditionsmahlzeiten von Familien, die von Außenstehenden als gewöhnungsbedürftig eingestuft werden.

Haben die Bewohnerinnen und Bewohner ihre Entscheidungs-, Gestaltungs- und Handlungsfreiräume im Alltag, so sind die Abläufe in den Einrichtungen unter dem Gesichtspunkt einer möglichen Beteiligung und Mitbestimmung zu durchleuchten. Hier wird in der näheren Betrachtung deutlich, dass es gar nicht so sehr die so genannten großen Dinge sind, die verändert werden müssen, sondern der Erfolg in einer Neuakzentuierung der alltäglich immer wiederkehrenden Handlungen liegt. So bekommen die alltäglichen Begegnungen zwischen den Mitarbeitern und den Bewohnern einen neuen Stellenwert. Das Wahrnehmen, die Begegnung und damit eng verbunden die Kommunikation, verbal und nonverbal, werden wichtig, auch wenn sie anscheinend nebenbei passieren. Die Bewohner erleben Begegnungen oder auch Anfragen und Entscheidungen nicht als Bestandteile von Betriebsabläufen, sondern als Aufgaben, die ihr Leben betreffen. Die Entscheidung darüber, was ich heute frühstücke und der kleine Dialog bei der Reinigung des Bewohnerzimmers werden wichtig. Die Auseinandersetzung darüber wird wichtig, dass Dienstleistungen, die bislang als reine Versorgungsleistungen betrachtet wurden, im Grunde personenbezogene Dienstleistungen sind und als solche betrachtet in Stellenwert und Wirkung steigen.

In der Pflege wurde für diesen Kontext der Begriff der „diskreten Pflege" formuliert. Karla Kämmer beschreibt damit ein Vorgehen, das aufbauend auf gezielte Beobachtungen und Biografiearbeit, die Anliegen und Gewohnheiten der Bewohner sensibel aufspürt und daraus abgeleitet die Pflegeleistungen in unaufdringlicher Weise anbietet. Pflegeleistungen erhalten dadurch ganz persönliche Prägungen, und es wird auch überprüft, ob es für die Bewohnerin, den Bewohner der richtige Zeitpunkt und der richtige Ansatz ist, mit dem die Pflegeleistung durchgeführt wird (KÄMMER, 2002).

In gleicher Weise ist diese Frage auch an die Hauswirtschaft zu stellen, wie sie den Ansatz der Lebensweltorientierung für sich sieht bzw. wie sie sich mit ihrem Dienstleistungsangebot in alltags- und lebensweltbezogenen Konzeptionen verankern möchte.

3 Haushaltsführung als Teil der Alltagsgestaltung

Die Auseinandersetzung mit alltags- und lebensweltorientierten Ansätzen in der Pflege älterer Menschen stellt die Hauswirtschaft vor die Herausforderung, ihren Standpunkt in der Altenhilfe zu überprüfen. An diesem Punkt erscheint es sinnvoll, die hauswirtschaftliche Auseinandersetzung nicht sofort auf die Altenhilfe hin zu fokussieren, sondern sich erst einmal ganz allgemein mit der Frage auseinander zu setzen, welchen Raum die Hauswirtschaft in der Alltagsgestaltung einnimmt.

Zentrale Aufgaben im Leben aller Menschen sind die Gestaltung des Alltags und die Organisation der Lebensführung. Mit Lebensführung wird beschrieben,

- womit Menschen ihre Zeit verbringen,
- wofür sie ihre Energie einsetzen,
- wofür sie ihr Geld ausgeben,
- was ihnen im Leben wichtig ist.

Sie müssen ihr Leben gestalten und dabei vielen Anforderungen gerecht werden. Diese Aufgaben stellen sich täglich neu und wiederholen sich fortlaufend (SAHLE, 2002).

Als alltägliche Lebensführung wird die Verknüpfung der Tätigkeiten in folgenden verschiedenen Lebensbereichen definiert:

- Familienarbeit,
- Hausarbeit,
- Bildung,
- Erwerbsarbeit,
- Freizeit,
- bürgerschaftliches Engagement (FEULNER/SIMPFENDÖRFER, 2005).

In der Alltagsorganisation sind der eigene Haushalt und die Haushaltsführung wichtige Aktionsbereiche. Sie sind die Lebensgrundlage für alle Familien- und Lebensformen. Besonders im Alter geschieht die Gestaltung des Alltags – wie zum Beispiel Haushaltsführung, Kontaktpflege, Mediennutzung, spielerische und schöpferische Betätigung – wohnungszentriert. Die selbstverantwortete Gestaltung des Alltags gewinnt an Bedeutung, wenn der Aktionsradius sich einschränkt (SAUP, 1986).

Die Strukturierung eines Haushalts wird über seine Arbeits- und Funktionsbereiche vorgenommen:

- die Verpflegung,
- die Wohnungspflege,
- die Kleider- und Wäschepflege,
- die Betreuung und Pflege von Kindern,
- die Betreuung und Pflege von kranken Haushaltsmitgliedern,
- die Betreuung und Pflege von pflegebedürftigen Haushaltsmitgliedern,
- das Einkaufen,
- die Beschaffung von Gütern und Dienstleistungen,
- die Kontakte zu Behörden und Institutionen.

Damit wird das Profil vorgegeben, an dem sich die Sicherung der Daseinsvorsorge im Alltag von Hausgemeinschaften, Wohngruppen und tagesstrukturierenden Maßnahmen orientieren. In ihrer Gesamtheit sind sie wichtig, aber auch in ihrem Ineinander- und Miteinanderverwobensein.

So lassen sich zum Beispiel beim Essen und Trinken die Zubereitung von Mahlzeiten und die notwendige Unterstützung beim Essen nicht strikt voneinander trennen und eindeutig die notwendigen Handlungen den beteiligten Professionen zuordnen. Je nach Bewohner brauchen die Speisen eine spezielle Darreichungsform und die Unterstützungen beim Anreichen während der Mahlzeiten müssen sehr individuell ausfallen. Wichtig ist in der Dienstleistungserstellung, dass alle Beteiligten auf die gleiche Art und Weise den Bewohner im Blick haben, für den die Mahlzeit gerichtet wird und dabei gemeinsam ein Verständnis zur Art und Weise der Mahlzeiten vereinbart wurde. Vor diesem Hintergrund sind dann situationsbezogen die Entscheidungen zu treffen, wer für welchen Bewohner bzw. wer für welchen Part beim Essen und Trinken zuständig ist.

Der Pflegekontext, in dem in der Altenhilfe gearbeitet wird, hat und braucht die interdisziplinäre Aufgabenteilung. Modelle der Kooperation bzw. Aufgabenteilung sind gefragt, die sich nicht in erster Linie an den professionsorientierten Schnittstellen orientieren, sondern alltags- und personenbezogen das zusammen sehen, was auch zusammengehört.

Mit der Art und Weise der Haushaltsführung und der gewählten Form des Zusammenlebens schafft sich jeder Mensch ein Stück seiner Identität. So wie die Menschen unterschiedlich sind, hat auch jeder Haushalt sein Profil. Jede Gruppe von

Haushaltsmitgliedern hat ihre individuellen Lebenseinstellungen, Werte und Handlungsziele. Somit gibt es keine generellen Profile für Hausgemeinschaften oder Wohngruppen. Je nachdem, wer zusammenlebt, wird der Alltag seine individuelle Prägung haben.

Grundlage der verschiedenen Möglichkeiten für die Haushaltsführung sind die vorhandenen Ressourcen und die damit verbundene Frage, wie die Ressourcen genutzt werden. Hinzu kommen in den einzelnen Arbeits- und Funktionsbereichen verschiedene Handlungsalternativen sowie die Auswahl der Verfahren und Methoden in der Dienstleistungserbringung. Prägend für einen Haushalt ist auch sein Wohnumfeld und damit das soziale Umfeld für die Haushaltsmitglieder.

Dies spielt in der Ausgestaltung des Alltags und der Lebensräume von alten Menschen eine sehr große Rolle. Menschen mit 80, 90 oder 95 Jahren haben nicht nur viel Lebenserfahrung, sondern auch eine lange Zeit der Prägung erlebt. Ihre Gewohnheiten haben sich verfestigt und sind zu wichtigen Orientierungsgrößen in ihrem Leben geworden. Diesen Gewohnheiten und Prägungen nachzuspüren und sie für das neue Lebensumfeld in der Einrichtung so weit wie möglich zu rekonstruieren, ist eine wichtige Aufgabe.

Für die Hauswirtschaft bedeutet dies die Auseinandersetzung mit der Vielfalt von Lebensstilen und Haushaltsführungsmustern, die das menschliche Leben bereithält. Nicht selten wird es passieren, dass Mitarbeiterinnen und Mitarbeiter mit Gewohnheiten konfrontiert werden, die für unmöglich gehalten werden. Und immer wieder wird in der Auseinandersetzung deutlich, dass wir in einer Gesellschaft leben, die erst langsam wieder die Wichtigkeit und Bedeutung der Hauswirtschaft entdeckt. Privates Leben mit all seinen Aufgaben in den eigenen vier Wänden war in der Vergangenheit kein Thema.

Für eine gelingende Alltagsorganisation sind die folgenden Ressourcen wichtig:

- persönliche Ressourcen, zum Beispiel Wissen, Fertigkeiten, handwerkliches Geschick, Bildung, Ausdauer, Begeisterungsfähigkeit;
- materielle Ressourcen, zum Beispiel Einrichtung, Einkommen;

- soziale Ressourcen, zum Beispiel gegenseitige Wertschätzung, klare Rollenstrukturen und Verantwortlichkeiten, Hilfsbereitschaft, Freude an gemeinsamen Unternehmungen;
- Ressourcen außerhalb des gemeinsamen Haushalts, zum Beispiel Angehörige, Nachbarschaftskontakte, Freunde, gute Kontakte zu Behörden und sozialen Diensten (FEULNER/SIMPFENDÖRFER, 2005).

Aus diesem haushaltswissenschaftlichen Ansatz lassen sich folgende Schlüsselkompetenzen für die Gestaltung der Alltagsorganisation ableiten:

- Kompetenzen zur Abstimmung der Betreuungs- und Versorgungsziele mit möglichen Handlungsalternativen,
- Kompetenzen zur Beschaffung und Auswahl der Ressourcen für die Haushaltsführung,
- Kompetenzen zur Nutzung der Ressourcen und zur Erstellung der Versorgungs- und Betreuungsleistungen (FEULNER/SIMPFENDÖRFER, 2005).

Gleichzeitig werden mit diesen Schlüsselkompetenzen die Ansatzpunkte für haushaltsunterstützende Hilfen deutlich. Lange Zeit war das Thema Hauswirtschaft allein auf die Erbringung von hauswirtschaftlichen Versorgungs- und Betreuungsleistungen konzentriert. An diesen Stellen sind Fachkräfte gefragt, die durch die Förderung und Vermittlung von Haushaltsführungskompetenzen Menschen darin unterstützen können, ihre private Daseinsvorsorge möglichst selbstständig und eigenverantwortlich zu bewältigen.

Die Hauswirtschaft mit ihren Dienstleistungen wird damit wichtig. Sie ist aber nicht alles! Vor allen Dingen darf hier nicht der Fehler gemacht werden, dass in der Betrachtung einzig und allein die Tätigkeiten in den Blick genommen werden, die wir aktuell in stationären Einrichtungen der Hauswirtschaft zuordnen. In der Regel sind es die Bereiche Verpflegung, Hausreinigung, Wäscheversorgung und Hausgestaltung, die sich in der Altenhilfe mit spezifischen Zuschnitten entwickelt und etabliert haben. Hauswirtschaft kann mit ihrem Selbstverständnis, das sich am Haushalt als Lebens- und Wirtschaftsgemeinschaft orientiert, noch weitergehende Felder und Tätigkeitsbereiche abdecken. So können in Hausgemeinschaften und Wohngruppen zum Beispiel auch das (Vor-)Lesen von Tageszeitungen, die Pflege von Hobbys, handwerkliche Tätigkeiten, Singen und Musizieren wichtig werden. Hier sind im Prinzip alle Lebensführungsmuster denkbar, wie sie in privaten Lebensräumen gelebt werden. Wobei auch die Frage nach den Lebensorten sehr offen gestellt werden muss, denn der Handlungsraum ist nicht auf die Wohnung direkt zu begrenzen. Der Garten und auch die Lebensräume in der Nachbarschaft und weit darüber hinaus müssen in diesem Ansatz mit gesehen werden.

Damit wird es wichtig, für die Hauswirtschaft in Lebenswelt- und alltagsbezogenen Kontexten ein Grundverständnis zu entwickeln. Für den Bereich der Caritas konnte 2003 im Rahmen eines Werkstattseminars folgende Festlegung entwickelt und bestätigt werden.

Das Selbstverständnis hauswirtschaftlicher Dienstleistungen in der Caritas

- Die Hauswirtschaft erbringt personenbezogene Dienstleistungen, die unmittelbar und direkt die Nutzerinnen und Nutzer der Einrichtungen und Dienste im Blick haben und damit personen- und situationsorientiert ausgerichtet und gestaltet werden.
- Hauswirtschaftliche Dienstleistungen sind die Grundlage zur Sicherung des Alltags. Sie setzen in und für die Lebensgestaltung des Menschen einen wichtigen Rahmen.
- Hauswirtschaftliche Dienstleistungen sind Voraussetzung für pflegerisches und sozialpädagogisches Handeln.
- Sie werden zum Inhalt pädagogischer und pflegerischer Prozesse, wenn der Alltag mit seinem Lebensraum privater Haushalt als Erlebensfeld und Gestaltungsraum genutzt wird (DEUTSCHER CARITASVERBAND, 2001).

4 Hauswirtschaftliche Gestaltungselemente und Handlungskonzepte

Bislang noch viel zu wenig beachtet in der fachlichen Diskussion sind die hauswirtschaftlichen Gestaltungselemente und Handlungskonzepte, durch die eine gezielte Förderung und

Unterstützung im Sinne des Alltags- und Lebensweltkonzepts möglich wird. Es hat einen ganz besonderen Wert, wenn es durch die Hauswirtschaft gelingt, einen Alltag mitzugestalten, in dem die Möglichkeiten des Erlebens, der Beteiligung und Förderung von Bewohnerinnen und Bewohnern in den ganz normalen Abläufen möglich ist.

Im Zentrum stehen die Aufgaben des Alltags. Jede und jeder hat hier Wissen und Erfahrung. Bei hauswirtschaftlichen Tätigkeiten werden alle Sinne angesprochen, damit ergeben sich die verschiedensten Ebenen und Anknüpfungspunkte für Kommunikation und Interaktionen. Gemeinsames Tun, Vorbildhandeln, Anleiten und Beobachten geben vielfältige Ansätze zur Beteiligung und zur Förderung.

Das folgende Beispiel macht den hohen Wert deutlich: Eine Hausgemeinschaft oder Wohngruppe, in der so gekocht, die Wäsche gewaschen und gereinigt wird, dass diese Abläufe wirklich sichtbar werden und damit Raum einnehmen, haben einen Alltag, der erst einmal einfach da ist. Er ist nicht konstruiert und erst einmal kein therapeutisches Setting. Diese Normalität schafft einen Alltag, der von vielen Seiten zugänglich ist. Anders als in therapeutischen Settings ist er nicht an definierte Orte und Termine gebunden, die für eine therapeutische Intervention vereinbart werden müssen. Mit der Vielfalt an hauswirtschaftlichen Gestaltungsmöglichkeiten bietet dieser Alltag eine Fülle von Anregungen, von Auseinandersetzungs- und Beteiligungsmöglichkeiten.

Hauswirtschaft ist in der Lage, Normalität zu schaffen, indem sie ihr Dienstleistungsangebot für die Bewohnerinnen und Bewohner sichtbar werden lässt. Hauswirtschaft mit ihren Leistungen ist dann einfach da. Man kann sie sehen, riechen, schmecken, fühlen und spüren. Jede Bewohnerin und jeder Bewohner entscheidet für sich, ob sie/er sich beteiligen, das Geschehen nur beobachten oder sich individuell zurückziehen möchte. Die Aufgabe der Betreuenden dabei ist allerdings immer die sorgfältige Beobachtung, ob es sinnvoll und geboten ist, einzelne Bewohner darin zu unterstützen, dass sie in der Gemeinschaft auch wirklich die Orte finden, die ihnen gut tun.

Dieser auf den ersten Blick einfache Erklärungsansatz für die Vorteile eines Alltags, der durch sichtbare und erfahrbare Hauswirtschaft gestaltet wird, darf in seiner Wirkung nicht unterschätzt werden. An dieser Stelle muss die Hauswirtschaft noch deutlicher herausarbeiten, wie wichtig das Wahrnehmen und Eingebundensein in einem ganz normalen Alltag ist.

Zu gestalten ist damit der Alltag der Bewohnerinnen und Bewohner mit seinen hauswirtschaftlichen Arbeits- und Funktionsbereichen:

- Einkauf,
- Verpflegung,
- Wohnungsreinigung und -pflege,
- Wäschereinigung und -pflege,
- Grundpflege,
- Feste im Jahreskreis,
- Garten und Außenanlagen,
- Pflege und Versorgung von Tieren.

Die Leistungen der Behandlungspflege werden so organisiert, dass sie professionell erbracht werden. Je nach Konstellation sind pflegerische Kompetenzen direkt im Betreuungsteam vorhanden, oder die Leistungen werden durch einen Pflegedienst erbracht.

Hieraus ergeben sich notwendige Kompetenzen für hauswirtschaftliches Handeln in Hausgemeinschaften und Wohngruppen:

- **Haushaltsführungskompetenzen**
  - Planung und Steuerung des Alltags,
  - Kooperation mit anderen Dienstleistern,
  - Kochen, Reinigung, Wäschepflege, Raumgestaltung, Gartenpflege vor dem Hintergrund der vielfältigen Gestaltungsmöglichkeiten.

- **sozialpflegerische Kompetenzen**
  - Begleitung und Förderung der einzelnen Person,
  - Erkennen und Begleiten von Gruppenprozessen,
  - Kooperation mit Angehörigen und Ehrenamtlichen,
  - Konfliktbewältigung.

- **Kompetenzen in Bezug auf Altern und Demenz**
  - Wissen über Altersprozesse, die Erfahrungen und die Lebenshintergründe von alten Menschen,
  - Wissen über Krankheitsbilder: Demenz, psychische Erkrankungen,

- Methoden der Begegnung und Kommunikation,
- grundpflegerische Kenntnisse.

5 Die Organisation des täglichen Lebens in einem gemeinsamen Haushalt

Die Hausgemeinschaften und Wohngruppen sind von den Bewohnerinnen und Bewohnern sowie von den Mitarbeiterinnen und Mitarbeitern gemeinsam geführte Haushalte. Notwendig wird es damit, ein Bild für die Alltagsgestaltung zu haben, an dem sich das Handeln orientieren kann.

Ein Haushalt ist ein komplexes Gebilde, in dem sehr unterschiedliche Ressourcen gefordert werden. Je nach Situation und Konstellation sind die einzelnen Kompetenzen mehr oder weniger gefordert, so dass ganz unterschiedliche Anforderungsprofile notwendig werden können.

Kompetenzen und Anforderungen im Arbeitsbereich Haushalt

- **Haushaltsbezogenes Denken und Handeln:** nicht nur für den Einzelnen, sondern für eine Gemeinschaft planen und entscheiden.

- **Hauswirtschaftliche Kompetenz:** Kenntnisse und Fertigkeiten in den hauswirtschaftlichen Arbeits- und Funktionsbereichen.

- **Pädagogische Kompetenz:** die Haushaltsmitglieder unterstützen, selbstständig zu bleiben sowie Entscheidungen zu treffen und Konsequenzen zu tragen.

- **Pflegerische Kompetenz:** kranke und pflegebedürftige Haushaltsmitglieder in Kooperation und Abstimmung mit Ärzten und sozialen Diensten versorgen und betreuen.

- **Persönliche Kompetenz und Selbstbeauftragung:** die Arbeitsweise den Anforderungen entsprechend immer wieder neu anpassen; durch schwierige und neue Aufgaben herausgefordert werden.

- **Planung, Koordination und Kontrolle:** Wichtiges von weniger Wichtigem trennen, ökonomisch, ergebnisorientiert und pragmatisch vorgehen.

- **Entscheidungsverhalten:** alle verfügbaren Informationen heranziehen, Entscheidungen treffen, auch in Absprache mit Dritten, die kurz-, mittel- und langfristigen Folgen der Entscheidung für sich und andere bedenken.

- **Führung und Delegation:** Arbeit organisieren können, Aufgaben delegieren können.

- **Komplexes Problemlöseverhalten:** Probleme erfassen, analysieren und zur Lösung eines Problems eingefahrene Gleise verlassen.

- **Kommunikation, Kontaktfähigkeit:** sich gut auf verschiedene Situationen im Gespräch und in Begegnungen einstellen können.

- **Integration und Konfliktfähigkeit:** Voraussetzungen für ein gutes Miteinander erkennen, Ansprechpartner in Krisen sein.

- **Belastbarkeit:** unter Zeitdruck arbeiten können, sich in kritischen Situationen nicht aus der Ruhe bringen lassen (nach VOLLMER, 1999).

Die Organisation des Alltags in einer Hausgemeinschaft oder Wohngruppe muss als Arbeitsauftrag verstanden werden, der sich an verschiedenen Eckpunkten orientiert und dabei gleichzeitig immer wieder neu situationsorientiert ausgerichtet werden muss. Flexibilität wird damit zu einer wichtigen Grundvoraussetzung, um in und für eine Gruppe von Menschen den Alltag zu organisieren. Christine Klöber vergleicht diese hauswirtschaftliche Perspektive mit einem Bild einer Vorder- und Hinterbühne. Auf der Vorderbühne und damit sichtbar für alle Beteiligten werden in aller Ruhe die Dinge des Alltags erledigt. Damit dies in Ruhe möglich ist, müssen Grundstrukturen zur Organisation und Strukturierung der verschiedenen hauswirtschaftlichen Aufgaben gelegt und für alle Beteiligten transparent veröffentlicht sein.

Eckpunkte für eine Tagesplanung zwischen individueller Förderung und Begleitung sowie einem Versorgungsauftrag für die Haus- und Wohngemeinschaft:

1. Sich den doppelten Arbeitsauftrag von Förderung/Begleitung und Versorgung bewusst machen!
2. Entwicklung eines unterstützenden, gemeinsamen Zeitrahmens für den Tagesverlauf.
3. Definierte Arbeits- und Ablaufbeschreibungen für immer wiederkehrende Tätigkeiten, zum Beispiel für die Reinigung der Küche, die Bestellung/den Einkauf von Lebensmitteln.
4. Erarbeitung von Handlungsalternativen für Engpässe mit geringerem Zeitaufwand, zum Beispiel schnelle Gerichte, Eckdaten für die Mahlzeitenbestellung bei der Zentralküche oder bei Essen auf Rädern, tägliche Reinigung der Küche als Minimalprogramm.
5. Vertrauensvolle Zusammenarbeit zwischen den Schichten, damit Reste auch einmal liegen bleiben können.
6. Ganz wichtig: Unvorhergesehenes im Tagesablauf, das zu Veränderungen führt, ist „normal" und gehört zum gelebten und erlebten Alltag mit dazu. Der improvisierte Alltag gibt Anlass für Gespräche und den Austausch.

6 Das Zusammenleben und -wirtschaften in Wohn- und Hausgemeinschaften als gemeinsame Aufgabe

Jede Hausgemeinschaft und jede Wohngruppe übernimmt als Lebens-, Wohn- und Wirtschaftseinheit gesellschaftlich wichtige Funktionen. Auf der Grundlage der Funktionen, wie sie der Familie zugeschrieben sind, können die Funktionen von Hausgemeinschaften und Wohngruppen abgeleitet werden.

Die vier wichtigsten Funktionen der Familie sind:

- **Die generative Funktion:** Kinder werden in einer Familie geboren und von ihr aufgezogen.

- **Die regenerative Funktion:** In einer Familie werden ihre Mitglieder versorgt. Die Familie ist bei Krankheit und

Pflegebedürftigkeit ein wichtiger Ort der Versorgung, Unterstützung und Betreuung. Soziale Einrichtungen und Dienste unterstützen die Familie mit einem professionellen Angebot in diesen Aufgaben.

- **Die Sozialisationsfunktion:** Die Familie ist ein wichtiger Ort zum Erleben und Erlernen von Gemeinschaft. Kinder erfahren in ihrer Herkunftsfamilie ihre erste Prägung. Im weiteren Leben werden Institutionen wie Kindertagesstätte und Schule wichtig. Daneben spielen Freunde, Verwandte, aber immer wieder die unterschiedlichsten Menschen eine wichtige Rolle.

- **Die ökonomische Funktion:** Die Familie unterhält ein privates Produktions- und Versorgungssystem – ihren Haushalt. Damit sichert sie die tägliche Daseinsvorsorge ihrer Mitglieder. Der private Haushalt unterhält sehr enge und vielfältige Verbindungen zu den Güter- und Dienstleistungsmärkten (SCHWEITZER, 1998).

In der Ableitung daraus können die Funktionen für Hausgemeinschaften und Wohngruppen wie folgt beschrieben werden:

- **Die generative Funktion:** Hausgemeinschaften und Wohngruppen sind für Angehörige offen und bieten viele Räume der Beteiligung, damit ihre Bewohnerinnen und Bewohner den Kontakt zu ihren Familien und Freunden nicht verlieren.

- **Die regenerative Funktion:** In Hausgemeinschaften und Wohngruppen werden ihre Mitglieder versorgt. In der Pflegebedürftigkeit sind sie wichtige Orte der Versorgung, Unterstützung und Betreuung. Pflegefachkräfte oder auch externe soziale Dienste unterstützen die Hausgemeinschaften und Wohngruppen mit einem professionellen Angebot in diesen Aufgaben.

- **Die Sozialisationsfunktion:** Die Hausgemeinschaften und Wohngruppen sind ein wichtiger Ort zum Erleben und Erlernen von Gemeinschaft.

- **Die ökonomische Funktion:** Die Bewohnerinnen und Bewohner haben mit ihrer Gemeinschaft ihr persönliches Produktions- und Versorgungssystem – ihren Haushalt. Damit sichern sie die tägliche Daseinsvorsorge. Hausgemeinschaften und Wohngruppen unterhalten sehr enge und vielfältige Verbindungen zu den Güter- und Dienstleistungsmärkten.

Je nach Auftrag einer Wohn- und Hausgemeinschaft können die dort wahrgenommenen Funktionen variieren. Sie werden auf jeden Fall immer von den persönlichen Vorlieben und Abneigungen der Bewohner und der Betreuenden geprägt. Die konkrete, individuelle Ausgestaltung wird damit zum Aushandlungs- und Abstimmungsprozess, der immer wieder neu notwendig wird, wenn sich Lebenskonstellationen verändern bzw. sich die Bewohner- oder auch die Mitarbeiterstruktur verändert.

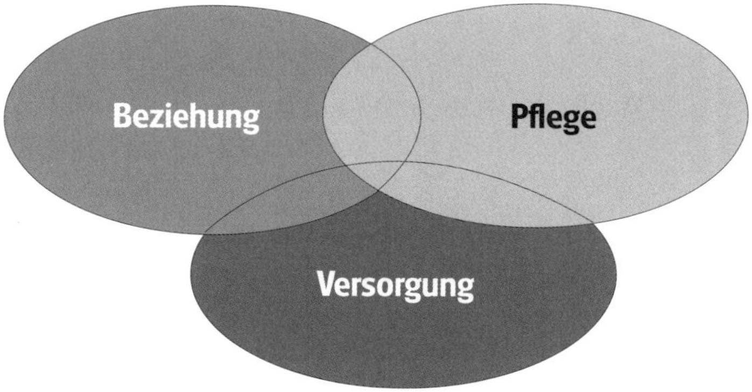

Abb. 2: Beziehungsschema in Haus- und Wohngemeinschaften

Der Alltag kann damit als Zusammenspiel von Beziehung, Pflege und Versorgung gesehen werden. Die Grenzen zwischen pflegerischem und hauswirtschaftlichem Handeln sind dabei fließend. Sie ergänzen sich und stehen untereinander in enger Verbindung. Hauswirtschaftliche Versorgungsleistungen müssen auf jeden Fall immer in ihren Verknüpfungen mit den Beziehungs- und Pflegeleistungen in den Hausgemeinschaften und Wohngruppen gesehen werden.

Das Zusammenleben in einem Haushalt bietet vielfältige Möglichkeiten zum Erleben und Erlernen von Alltags- und Haushaltsführungskompetenzen.

- Viele hauswirtschaftliche Tätigkeiten lassen sich gemeinsam erledigen. Damit können auch Haushaltsmitglieder mit Einschränkungen gut integriert werden.
- Im Verlauf des Zusammenlebens und entsprechend der Lebenssituation sind immer wieder neue Versorgungs- und Beteiligungsmuster zu entwickeln.
- Verschiedene Aufgaben können delegiert werden. So entstehen eigenverantwortete Bereiche für einzelne Haushaltsmitglieder.
- Gemeinschaftliches Arbeiten und die Ergebnisse des gemeinsamen Tuns schaffen ein Wir-Gefühl, vermitteln Sicherheit und fördern die Kooperationsfähigkeit.
- Oftmals macht die Zusammenarbeit auch einfach Spaß und die Arbeiten werden schneller erledigt.

In jeder familienähnlichen Gemeinschaft wird damit zum Beispiel die Gestaltung von Mahlzeitensituationen zu einer wichtigen Aufgabe. Die Ansprüche an das Eindecken von Tischen, der Aufwand für das Anrichten von Speisen und Getränken können sehr verschieden sein. Hier muss jede Gemeinschaft das Profil entwickeln, das zu ihr passt. Je nach Konstellation und Situation in einer Gemeinschaft ist zu entscheiden, ob das gelebte Anspruchsniveau beibehalten oder verändert werden soll.

Wichtig und förderlich ist, dass Mahlzeiten gemeinsam eingenommen werden und in einer Atmosphäre stattfinden, die zu Gesprächen und dem Austausch untereinander auffordern. Tischsitten und der Umgang untereinander sind immer auch Ausdruck der Umgebung und der beteiligten Personen.

Zu den Aufgaben einer professionellen Unterstützung gehören:

- die individuelle Zubereitung und – falls notwendig – das angepasste Informbringen von Mahlzeitenkomponenten,
- das situationsangepasste Eindecken des Tischs,

- gezielte Unterstützung beim Verzehr der verschiedenen Speisen und Getränke,
- fördernde Maßnahmen, damit eine ausreichende Menge verzehrt wird (FEULNER/SIMPFENDÖRFER, 2005).

Jede Gemeinschaft hat ihre Rituale zur Gestaltung von Mahlzeiten. Die Ankündigung der Mahlzeit, das gemeinsame Eindecken, ein Tischgebet, ein Handkreis tragen zur Gestaltung gemeinsamer Mahlzeiten bei. Sie markieren sehr deutlich den Beginn und das Ende. Das Warten, bis alle gemeinsam mit dem Essen beginnen können und alle in der Runde mit dem Essen fertig sind, fördert die Gemeinschaft. Das Anreichen von Speisen gibt Anlass zu Kommunikation und Austausch. Im Hinblick auf die Unterschiedlichkeit von Tischgemeinschaften müssen Rituale in der professionellen Arbeit einerseits routiniert ablaufen, andererseits immer wieder neu ausgedacht und gestaltet werden.

Das gemeinsame Leben und Wirtschaften in einem Haushalt macht den Alltag sichtbar und erlebbar. Es fördert das Zusammenleben und ist wichtiger Gestaltungs- und Erlebensraum in allen Wohn- und Lebensgemeinschaften in sozialen Einrichtungen.

7 Haushaltsführung und Wohnen

Der Alltag und die Lebenswelt von älteren Menschen sind häufig eng verbunden mit dem eigenen Wohn- und Lebensraum zu sehen:

- Er ist das Zuhause.
- Ein Alltag bestimmt vom eigenen Rhythmus.
- Die eigene Wohnung hat viele Verbindungen zu den hauswirtschaftlichen Aufgaben des Alltags.
- Es ist ein Ort der Begegnung mit Familie, Freunden und Nachbarn. Es ist eingebunden in eine Straße, ein Wohnquartier und eine Kommune.

Wohnen rückt im Alter weit stärker als in anderen Lebensphasen in das Zentrum des Alltagsvollzugs. Mit steigendem Alter werden die Umweltbezüge geringer und der Aktionsradius beschränkt sich auf das unmittelbare Wohnumfeld (ENTZIAN, 1997, S. 62).

Der private Wohnraum ist im Alter ein ganz wichtiger tagtäglicher Lebensraum:

- Er ist Erlebens- und Gestaltungsraum.
- Er ermöglicht Entscheidungsspielräume.
- Er gibt Handlungsspielräume.
- Er ist Bewegungsraum.

Als bedeutsame Elemente der Lebensgestaltung sind die folgenden zu nennen:

- Die eigene Wohnung ist der persönliche, private Lebensraum.
- Die eigenen vier Wände mit einer vertrauten Einrichtung geben Geborgenheit, Schutz und Sicherheit.
- Viele körperliche Bedürfnisse werden in der eigenen Wohnung befriedigt, zum Beispiel Schlafen, Essen und Trinken, Körperpflege.
- Die Einrichtung ist eine Dokumentation der Lebensgeschichte.
- Wie man wohnt, ist Ausdruck des Lebensstils.
- Die Wohnung ist ein Ort für Kommunikation mit Freunden, Familie und Nachbarn.
- Die Wohnung ist der Ort zur Sicherung der täglichen Daseinsvorsorge: Kochen, Putzen, Wäsche waschen, Post bekommen.
- Die Wohnung ist ein wichtiger Ort, um den individuell wichtigen Beschäftigungen nachzugehen: Werkeln, Hobbys etc. (SAUP, 1986).

Vor diesem Hintergrund ist die Gestaltung des Alltags zu planen und für die Wahrnehmung der Aufgaben in den hauswirtschaftlichen Einzelbereichen sind die individuell sinnvollen und notwendigen Handlungsmuster zu entwickeln.

Quellenverzeichnis

Arbeitsgemeinschaft der Spitzenverbände der freien Wohlfahrtspflege. *Arbeitsgemeinschaft der Pflegekassenverbände in Bayern, Bayerisches Staatsministerium für Arbeit und Sozialordnung, Familie und Frauen: Qualitätssicherung und Personalausstattung in der Hauswirtschaft im Schnittstellenbereich Hauswirtschaft/Pflege von stationären Altenhilfeeinrichtungen. München 2002*

Bayerisches Staatministerium für Arbeit und Sozialordnung, Familie und Frauen und Arbeiterwohlfahrt Bezirksverband Oberbayern e. V.: *Kooperation von Hauswirtschaft und Pflege in stationären Einrichtungen der Altenhilfe. Ein Leitfaden zur Schnittstellengestaltung. München o. J.*

Bayerisches Staatministerium für Arbeit und Sozialordnung, Familie und Frauen und Arbeiterwohlfahrt Bezirksverband Oberbayern e. V.: *Alltagsorientierte Wohngruppenkonzepte für pflegebedürftige ältere Menschen in stationären Einrichtungen – ein Leitfaden zur organisatorischen Gestaltung und Umsetzung. München 2004*

Biedermann, Markus: *Essen als basale Stimulation. Hannover 2003*

Blosser-Reisen, Lore: *Grundlagen der Haushaltsführung. Baltmannsweiler 1975*

Bundesministerium für Gesundheit und soziale Sicherung (Hrsg.): *Alltagsbegleitung und Präsenz in Hausgemeinschaften. Kuratorium Deutsche Altershilfe. Köln 2004*

Bundesministerium für Gesundheit und soziale Sicherung (Hrsg.): *Demenzbewältigung in der „eigenen Häuslichkeit". Alltagsgestaltung in ambulant betreuten Wohn- und Hausgemeinschaften. Kuratorium Deutsche Altershilfe. Köln 2004*

Bundesministerium für Gesundheit und soziale Sicherung (Hrsg.): *Hausgemeinschaftsküchen. Kuratorium Deutsche Altershilfe. Köln 2004*

Deutsche Expertengruppe Dementenbetreuung e. V.: *Die Ernährung Demenzkranker in stationären Einrichtungen. Praktische Erfahrungen und Empfehlungen aus der Milieutherapie. Deutsche Expertengruppe Dementenbetreuung e. V. Rieseby 2005*

Deutscher Caritasverband e. V.: *Den (Heim-)Alltag gestalten. Mit hauswirtschaftlichen Dienstleistungen Alltagskompetenzen fördern und entwickeln. Deutscher Caritasverband. Freiburg 2004*

Deutscher Caritasverband e. V.: *Hauswirtschaftliche Dienstleistungen in der Caritas. Standortbestimmung, Innovationen, Perspektiven. Fachtagung vom 21. – 23. November 2001. Freiburg 2002*

Entzian, Hildegard: *Heimalltag professionell gestalten. Gestaltungsprinzipien im Spannungsfeld stationäre Altenhilfe. Aachen 1977*

Fachausschuss Großhaushalt der Deutschen Gesellschaft für Hauswirtschaft (Hrsg.): *Management des hauswirtschaftlichen Dienstleistungsbetriebs. München 2004*

Feulner, Martina: *Lebensmittelpunkt Heim. Der Beitrag der Hauswirtschaft zu einer lebensweltorientierten Pflege und Versorgung, in: Verband katholischer Heime und Einrichtungen der Altenhilfe in Deutschland, 2003*

Feulner, Martina/Simpfendörfer, Dorothea: *Soziale Dienste – den Alltag bewältigen. Hamburg 2005*

Harris, Roland/Klie, Thomas/Ramin, Egbert: *Heime zum Leben. Wege zur bewohnerorientierten Qualitätsentwicklung. Hannover 1994*

Held, Christoph/Ermini-Fünfschilling, Doris: *Das demenzgerechte Heim. Lebensgestaltung, Betreuung und Pflege für Menschen mit leichter, mittelschwerer und schwerer Alzheimerkrankheit. Basel 2004*

Hoffmann, Alfred/Biedermann, Markus: *Der Heimkoch. Hannover 2005*

Hoffmann, Alfred/Biedermann, Markus: *Esskultur im Heim. Hannover 1995*

Kämmer, Karla: *Das Lebensweltkonzept – Herausforderung für die Hauswirtschaft. Referat anlässlich der Tagungen Hauswirtschaft aktiv! Tagungen für die bewohnerorientierte Hauswirtschaft. Vincentz Network 2004/2005*

Kämmer, Karla: *Der Beitrag professioneller Pflege zur Lebensweltgestaltung von Menschen mit Demenz, in: Zeitschrift für Gerontologie und Geriatrie 35:186 – 189 (2002)*

Klie, Thomas: *Wohngruppen für Menschen mit Demenz. Hannover 2002*

Marshall, Mary: *Food, Glorious Food. Perspectives on food and dementia. London 2003*

Monkhouse, Christa/Wapplinger, Renate: *Übermorgen wenn wir alt sind. Zürich 2003*

Sahle, Rita: *Alltägliche Lebensführung. Alltag als Arrangement von Tätigkeiten, in: Blätter der Wohlfahrtspflege 2/2002, S. 45 – 49*
Saup, Winfried: *Wohnen im Alter – psychologische Aspekte, in: Zeitschrift für Gerontologie 5, 342 – 347 (1986)*
Schweitzer, Rosemarie von: *Einführung in die Wirtschaftslehre des privaten Haushalts. Stuttgart 1991*
Schweitzer, Rosemarie von: *Haushaltsführung. Stuttgart 1983*
Thiersch, Hans: *Wohnwelten – Lebenswelten, in: Soziale Psychiatrie 2/2003, S. 4 – 7*
Verband katholischer Heime und Einrichtungen der Altenhilfe in Deutschland e. V.: *Ich möchte mein gewohntes Leben weiterführen. Lebenswelt Altenpflegeheim. Dokumentation der 14. Bundestagung 2003. Freiburg 2003*
Verband katholischer Heime und Einrichtungen der Altenhilfe in Deutschland e. V.: *Wir pflegen Menschlichkeit. Kirchlicher Auftrag und politische Verantwortung. Dokumentation der 13. Bundestagung 2000. Freiburg 2000*
Verband katholischer Heime und Einrichtungen der Altenhilfe in Deutschland e. V.: *Kompetenz für Verwirrte. Eine Herausforderung zukünftiger Altenhilfe. Dokumentation 12. Bundestagung 1997. Freiburg 1997*
Voges, Wolfgang: *Aufgabe des Haushalts und Einzug in das Altenheim. Was wird aus dem bisherigen Lebensstil, in: Zeitschrift für Gerontologie 26: 386 – 394 (1993)*
Vollmer, Marianne: *Familienkompetenzen als Sprungbrett. Kompetenzen entwickeln, messen und nutzen, in: Hermann von Helmholtz-Gemeinschaft (Hrsg.): Chancengleichheit als Managementaufgabe. Bonn 1999*
Winter, Hans-Peter/Gennrich, Rolf/Haß, Peter: *Hausgemeinschaften. Architektur + Gerontologie Band 2. Kuratorium Deutsche Altershilfe. Köln 1999*
Winter, Hans-Peter/Gennrich, Rolf/Haß, Peter: *Die 4. Generation des Altenpflegeheimbaus. KDA Hausgemeinschaften. Eine Dokumentation von 34 Projekten. Kuratorium Deutsche Altershilfe. Köln 2002*
Wissmann, Peter (Hrsg.): *Werkstatt Demenz. Hannover 2004*
Wojnar, Jan: *Ernährung in der häuslichen Pflege Demenzkranker. Deutsche Alzheimer Gesellschaft e. V. Berlin 2004*

Markus Biedermann

Auswirkung von Demenz auf Personal und Bewohner

1 Grundlagen

Sozial-gerontologisch gesehen entwickeln Menschen im Verlauf ihres Lebens ihre einzigartige und unverwechselbare Persönlichkeit. Aufgrund von Erfahrungen und Erlebnissen erwirbt der Mensch Werthaltungen, Handlungsstile und Verhaltensweisen, die seine Lebensperspektiven mit zunehmender Lebensdauer prägen. Die Entwicklung der individuellen Persönlichkeit – die Veränderung der lebenden Substanz – stellt sich somit als ein lebenslanger Prozess in dem Bedingungsgefüge biographischer Erfahrungen, situativer Anforderungen und sich selbst zugestandener Lebensperspektiven dar. Dieser Prozess weist einerseits hohe Anteile an Konstanz und Kontinuität und andererseits hohe Anteile an Dynamik und Veränderbarkeit auf. Die Flexibilität der Persönlichkeit ändert sich in der Regel im Alter nur geringfügig, die häufig dem Alter zugeschriebene wachsende Starrheit und Rigidität ist wissenschaftlich nicht nachzuweisen. Andererseits ist aber auch nicht zu erwarten, dass ein Mensch, der im Verlaufe seines Lebens sehr viel Wert auf Sparsamkeit gelegt hat, im Alter nun einen besonders großzügigen und aufwändigen Lebensstil entfalten wird. Oder jemand, der in seinem Leben sehr viel Wert auf Unabhängigkeit und Individualität gelegt hat, wird sich im Alter eher schwer mit einer eventuellen Pflege- oder Versorgungsabhängigkeit abfinden können. Die Vergangenheit hat irreversible (unumkehrbare) Spuren hinterlassen, die die Zukunft prägen. Aus biologischer Sicht stellt sich Altern – insbesondere in der zweiten Lebenshälfte – als irreversible Veränderung (Rückbildung und Atrophie) einer Vielzahl von Organen und Geweben dar. Diese führen zu einer sich fortschreitend verringernden Anpassungsfähigkeit.

Demenz ist ein Syndrom, welches die Verminderung der erworbenen intellektuellen Fähigkeiten als Folge einer Hirnschädigung zeigt. Die meisten der üblicherweise chronisch verlaufenden Demenzerkrankungen werden durch Morbus Alzheimer, Multiinfarkt-Demenz oder eine Mischform der beiden Krankheiten verursacht.

Zu Beginn einer demenziellen Erkrankung stehen Störungen des Kurzzeitgedächtnisses mit zunehmend nachlassender Merkfähigkeit, später gehen auch Informationen des Langzeitgedächtnisses verloren. Erinnerungen aus der Vergangenheit werden vergessen und es entstehen örtliche und situative Orientierungsstörungen. Demenzerkrankte Menschen finden sich auch in vertrauter Umgebung nicht mehr zurecht und können vertraute alltägliche Handlungen nicht mehr ausführen. In Folge der zunehmenden diffusen cerebralen Schädigungen werden weitere Hirnleistungsstörungen beobachtet wie Aphasie (Sprachstörung), Apraxie (Handlungsstörung), Agnosie (Erkennungsstörung) und Alkalkulie (Rechenstörungen).

Demenz löst neben den genannten kognitiven auch affirmative Störungen aus, die mit Persönlichkeitsveränderung und einer Verlangsamung des Tempos im Alltag einhergehen. Demente Menschen brauchen gewohnte Strukturen, können Veränderungen nur langsam aufnehmen und ihr Verhalten nicht mehr kontrollieren. Sie sind ihren spontanen Emotionen ausgeliefert und geben diese ungefiltert zum Ausdruck. Vor allem in der Anfangsphase sind demente Menschen oft depressiv und hyperaktiv, was sich durch scheinbar sinnlose und inadäquate Handlungen wie nächtliches zielloses Wandern und einen gestörten Lebensrhythmus ausdrückt. Diese neurologischen Störungen sind Reflexveränderungen, Geruchs- und Geschmacks-, Bewegungs- und Sehstörungen.

Demente Menschen benötigen im Verlauf ihrer Erkrankung zunehmend Hilfe und sind in der Schlussphase meist pflegebedürftig, ein Alleineleben ohne externe Kontrolle wird dann unmöglich.

Der Verlauf der Demenzerkrankung kann nach dem **Drei-Welten-Modell** verdeutlicht werden. Dies unterscheidet zwischen

- kognitiver Erfolglosigkeit,
- kognitiver Zeitlosigkeit (auch Ziellosigkeit oder Orientierungslosigkeit),
- kognitiver Schutzlosigkeit.

Die Phase der **kognitiven Erfolglosigkeit** dauert meist ein bis drei Jahre oder auch länger und ist gekennzeichnet durch:

- Schwierigkeiten mit kognitiven Reizungen und reaktive psychische Störungen wie Trauer, Angst, Kränkung, Verunsicherung,
- Versuch eines normalen Lebens, Wechsel von Aktivität und Rückzug, privatem und öffentlichem Raum,
- Empfinden für Mitmenschen, leicht irritierbare soziale Umgangsformen,
- benötigte aber akzeptierte Orientierungsunterstützung,
- noch mögliche Handlungen im Alltag (ADL: active daily living),
- Erkennen und Schutz des persönlichen Eigentums.

Die Phase der **kognitiven Ziellosigkeit** verläuft individuell unterschiedlich lange und ist gekennzeichnet durch:

- zielloses Verhalten mit Ablenkungen im Detail,
- Wandern, Aggressivität, Apathie,
- zunehmend beeinträchtigte ADL-Fähigkeiten,
- Streitsucht, Eifersucht, Enthemmung,
- schwindender Sinn für Eigentum und Privatheit,
- Weglauftendenzen und eingeschränkte Wahrnehmung von Raumfunktionen,
- verlorene Fähigkeit zur Eigenbeschäftigung,
- sinnlose Aktivitäten,
- Selbstgefährdung durch Feuer, Elektrik etc.

Die Phase der **kognitiven Schutzlosigkeit** verläuft ebenfalls individuell unterschiedlich lange und ist gekennzeichnet durch:

- funktionelle und körperlich frühkindliche Regression mit weitgehendem Sprachverlust,
- Immobilität,
- Kau- und Schluckstörungen sowie Inkontinenz,
- veränderte Schmerz- und Reizempfindung,
- Konzentration auf eine immer kleiner werdende eigene Welt,
- erhöhte Pflegebedürftigkeit und Notwendigkeit basaler Stimulation.

Frühere Gewohnheiten, Vorlieben, Abneigungen und Prägungen spielen also eine zentrale Rolle für die Versorgung, Betreuung und Pflege demenzbetroffener Menschen. Gerontologisch versiertes, aufmerksames und neugieriges Personal wird deshalb versuchen, die Betroffenen irgendwo „abzuholen“, auch bei fortgeschrittener und schwerster Demenz. Natürlich sind solchen Versuchen Grenzen gesetzt, da es sich stets um punktuelle Interventionen handelt, welche nicht jeden Tag gleichermaßen erfolgreich sind. Aber alle Menschen sind nicht jeden Tag gleich „gut drauf“.

2 Konsequenzen

Bei demenziell Erkrankten gilt es, die vorhandenen Ressourcen zu fördern und zu fordern. Menschen mit Demenz verlieren im Laufe ihrer Erkrankung immer mehr Fähigkeiten und sind daher zunehmend auf fremde Hilfe angewiesen, was von der Versorgung über die Betreuung bis zur Pflege reicht. Deshalb sollen Bewohnerinnen und Bewohner (re)aktiviert, ihre Krankheitssymptome gelindert und ihre Lebensqualität erhöht werden. Dies gelingt am besten, wenn es eine teamorientierte, bei den Mitarbeitenden untereinander abgestimmte, aktive Auseinandersetzung mit dementen Bewohnerinnen und Bewohnern und deren Einbeziehung im Alltag gibt.

Wesentlich ist, eine Balance zwischen aktivierenden und ruhigen Anteilen im Umgang mit dementen Menschen zu finden, so dass sie weder mit Reizen überfordert werden (was Unruhe oder Aggression auslösen kann), noch unterfordert, was zu Apathie und weiter zu Abkapselung führen kann.

Werden Demenzkranke häufig kritisiert und wird Erfolgsdruck hin zu richtigem Verhalten aufgebaut, stellt sich Unsicherheit und Aggression ein, das schwierige Verhalten verschärft sich. Das problematische Verhalten der demenzkranken Bewohnerinnen und Bewohner führt zudem dazu, dass geistig gesunde Menschen tendenziell vernachlässigt werden. Jedoch ist auch für Demenzkranke eine nicht demenzgerechte Pflege mit entsprechendem therapeutischem Angebot möglich, solange sie gemeinsam mit den geistig gesunden Bewohnerinnen und Bewohnern zusammenleben.

Grundsätzlich haben demenzbetroffene Bewohner eines Heims die gleichen Ansprüche auf eine ausgewogene und abwechslungsreiche Kost wie alle übrigen Heimbewohner. Um die Essbedürfnisse demenzbetroffener Menschen jedoch wirklich zu verstehen, bedarf es einiger Überlegungen zum Verhältnis zwischen Essen und Erinnerung. Düfte und Geschmack werden im Gedächtnis gespeichert, so dass Bilder und Erinnerungen aufsteigen, wenn wir entsprechende Gerüche später wieder wahrnehmen. Über solch phänomenale Gedächtnisse verfügen demenzbetroffene Menschen natürlich nicht mehr, und doch werden sie von Düften und Gerüchen aus ihrer früheren Zeit sehr berührt. Umgekehrt fällt es ihnen sehr schwer, neue und unbekannte Düfte und Geschmacksempfindungen zu deuten und mit ihrem früheren Leben, in welchem sie gedanklich oft weilen, in Einklang zu bringen.

Demenzgerechter Umgang mit Menschen bedeutet deshalb Gestaltung in Relation zu den früheren Lebensphasen der Bewohnerinnen und Bewohner. Werden demenzbetroffene Bewohner nämlich durch biografisch wirksame Elemente, zum Beispiel in der Verpflegung, erreicht, können sie sich beim Essen wiederfinden und erleben eine Stärkung ihres Selbst. Darüber hinaus bieten sich so stets Möglichkeiten zur gegenseitigen Annäherung und Kommunikation.

Ralf Oberle

Geschichte erleben – Lebenslanges Lernen als Prinzip zukunftsorientierter Betreuung von Menschen mit Demenz

Wer heute im hauswirtschaftlichen Bereich arbeitet und dort Betreuungsaufgaben übernimmt, hat das Glück, mit lebendiger Geschichte konfrontiert zu sein. Diese neugierig aufzunehmen und zu nutzen, um Gesprächsthemen zu finden, die Bewohner zu erreichen, aber auch ihre Verletzungen zu erkennen, ist die eigentlich zukunftsorientierte Betreuung von Menschen mit Demenz. Denn mit den Generationen verändern sich die Inhalte des Lebens. Lebenslanges Lernen und Interesse an Geschichte schaffen die Voraussetzung, dass gelebte und erlebte Geschichte von lebendigen Menschen zur Gestaltung des Alltags und des Programms aufgenommen werden kann. Wie wenig aufwändig und gut in das eigene Leben integrierbar das ist, zeigt dieser Beitrag.

1 Geschichte prägt

Mit Musik in der Jugend erlebt man viel. Speziell in dieser Zeit dient Musik dazu, sich zu beruhigen, abzulenken, Stimmungen auszulösen. An diese Zeit erinnert man sich üblicherweise am besten und liebsten, weil man dann am intensivsten lebt. Der Türöffner zu älteren Menschen ist also auch Musik. Jede Beschäftigte in einer Einrichtung muss sich also fragen: Was ist mein Thema und mein Türöffner zu meinen Bewohnern?

2 Die 20er Jahre sind durch Nazi-Erziehung und Krieg geprägt

Wie erreichen wir die Menschen, die in dieser Situation heute leben? Was für ein Leben haben sie geführt? Es geht bei allem hier Dargestellten nicht darum, etwas zu be- oder verurteilen, sondern lediglich darum, Hintergründe des Lebens von Bewohnern aufzuzeigen und Verständnis für so manches Verhalten zu eröffnen und vielleicht neue Zugänge zum Menschen und seinem Schicksal zu schaffen.

Wer heute 85 Jahre alt ist, wurde ca. 1920 geboren und hat so einiges erlebt. Schon zu Beginn seines Lebens kam er oder sie direkt in Not, weil durch die Inflation und die extreme Wirtschaftskrise in Folge der Reparationen nach dem verlorenen ersten Weltkrieg Armut und Hunger regierten. Es herrschten sehr beschränkte Wohn- und Schlafverhältnisse. Diese Zeit der Not hat die ersten Jahre geprägt. Wer überleben wollte, musste wahrscheinlich sehr gut in der Lage sein zu improvisieren, zu organisieren und zu kooperieren. Mit der Währungsreform verbesserte sich die Lage für kurze Zeit, um sich mit dem Börsen-Crash („Schwarzer Freitag") im November 1929 noch weiter zu verschlimmern. Von „Goldenen 20er Jahren" konnten nur wenige sprechen. Das einfache Volk hat diese Zeit eher anders erlebt. Mit den 30er Jahren gab es eine Verheißung und Hoffnung, die in die bekannte Katastrophe führte. Die „Mädel" und „Buben" bekamen eine extreme Erziehung in der Hitlerjugend. „Hart wie Kruppstahl, zäh wie Leder" – das waren die Ideale der Nazi-Erziehung. Die Kinder lernten die Zähne zusammenzubeißen, zu schweigen, runterzuschlucken. Schwäche zu zeigen bedeutet, sich angreifbar zu machen! Womöglich als ein krankes Glied im Volkskörper erkannt zu werden. Vielleicht ist dies einer der Gründe, warum Bewohner nicht aufbegehren und sich wehren? Oder umgekehrt, kann es nicht sein, dass Bewohner aggressiv und herrisch werden, wenn sie das Gefühl haben, ihr Stolz sei verletzt worden?

3 Die Kriegsväter

Wie prägend diese Erziehung war, können wir uns kaum vorstellen. Monika Jetter hat die Erziehung durch einen von Nazi-Ideologie und Wehrmacht geprägten Vater erlebt. In ihrer Biografie beschreibt sie eindrücklich, wie brutal und gewalttätig die Generation der 1920er erzogen wurde. Sie erzählt die Geschichte des Vaters, der einfach nicht darüber reden konnte, was er erlebt hatte, der nachts in seinen Träumen schrie und tagsüber unberechenbar blieb. In der deutschen Wehrmacht galt man schnell als „minderwertiger Charakter", wenn man die Schrecken nicht mehr aushielt und durchdrehte. Das konnte kein echter „deutscher Soldat“ sein. Wenn es doch passierte, gab es neben dem Lazarettaufenthalt Methoden wie Elektroschock oder Minenräumkommandos, mit denen man für Ruhe in der Truppe sorgte. Die 1920er waren oft ab 1939 eingezogen! Männer, die durch eine solche Gewalt geprägt waren und die vieles von dem, was sie erlebt hatten, massiv verdrängt haben, leben heute auch in Einrichtungen der Altenhilfe. Und teilweise lebt ja die Vatergeneration noch. Vielfach ist deren Prägung dem oftmals jungen und ausländischen Personal nicht bewusst.

4 Die Frauen und Familien

Welche Ängste löst es aus, wenn der Vater oder Mann im Krieg bleibt oder als Kriegsversehrter vielleicht sogar nach 15 Jahren, wie der Vater der Autorin Jetter, erst wieder zurück kommt? Wie sehr ist diese Gruppe von Menschen selbst von ihrem jetzigen Zustand und ihrer Hilflosigkeit angewidert, weil sie von zu Hause ein anderes, starkes und hartes Selbstbild mitbekommen hat? Welche Bewohner können gut über ihre eigene Kindheit und Jugend sprechen? Welche Gefühle verbinden sie damit?

Heute lebt lebendige Geschichte in unseren Einrichtungen der Altenhilfe, Menschen, die diese Zeit erlebt haben und durch sie vor allem geprägt wurden. Was ist mit der Angst eines Menschen, der früher erlebt hat, dass einer, der nicht mehr konnte, der behindert oder „verrückt geworden“ war, einfach abtransportiert wurde? Was wissen hauswirtschaftliche Kräfte über die Menschen und ihre Zeit? Spannender und lebensnaher, natürlich geprägt durch die totale Subjektivität des Einzelnen, kann man über diese Zeit nichts erfahren, hat man es doch dabei mit Menschen zu tun, die zwar vieles Positive in ihrem Leben erlebt haben, die aber von Nazi-Erziehung, Kriegsschrecken, Bombenhagel und Nachkriegserlebnissen geprägt sind.

5 Die Nachkriegszeit – Gewissensfragen und Flucht

Was war nach dem Krieg? „Da kam Totentanz." Die Vorräte waren schnell verbraucht und die Menschen hungerten. Nach der bedingungslosen Kapitulation war Deutschland, waren die Deutschen am Boden. Sie waren Geächtete! Die 1920er waren als Herrenmenschen erzogen worden und jetzt vor der Welt zu Verbrechern geworden. Die systematische Ermordung der Juden und anderer Volksgruppen oder Regimegegner stellte Fragen an das eigene Gewissen. Verdrängung und Beschäftigung mit dem eigenen Überleben waren da vielleicht einzige Auswege. Andere waren aus ihrer Heimat vertrieben worden. Es ist heute unvorstellbar, dass man von heute auf morgen aus dem Haus, aus einer Wohnung weg muss, nur mitnehmen kann, was man selbst tragen kann. Alle Erinnerungen, Möbel, lieb gewonnene Gegenstände, Fotos, eben alles, was einen Menschen zu einem lebendigen Individuum macht, muss ohne Zukunftsperspektive zurückbleiben. Kein Ziel, nur Angst, nicht rechtzeitig wegzukommen.

Millionen Menschen mit diesem Schicksal des Vertriebenseins sind heute unter uns. Viele waren damals irgendwo neu, waren erst mal Fremde, die den Arbeitsplatz der ursprünglichen Bewohner bedrohten. Sie hatten teilweise eigene Dialekte und Sitten und, ja, sie versuchten sich in der Fremde dadurch abzusichern, dass sie sehr stabile familiäre und herkunftsbezogene Netzwerke aufbauten. Ganze Ortschaften wurden später beispielsweise von Schlesiern, Ostpreußen, Sudetendeutschen besiedelt. Was haben die Vertriebenen in einer Einrichtung der Altenhilfe für eine Kultur? Woher kommen sie? Welche Feste feiern sie? Welche Musik gehört dazu?

6 Nachkriegsdeutschland: Beziehungen im Wartestand

„Die Ehe der Maria Braun" von Rainer Werner Fassbinder ist ein Film, der viel über diese Zeit und die Situation der Frauen damals erzählen kann. Maria Braun heiratet den Soldaten Hermann im Krieg. Dieser muss nach der Hochzeit zurück an die Front. Nach dem Krieg erfährt sie, dass ihr Mann tot ist. Sie lernt den farbigen amerikanischen Soldaten Bill kennen, mit dem sie sich anfreundet und schließlich eine Beziehung aufnimmt.

Wie viele Frauen und Mütter der 1920er-Generation haben das so ähnlich erlebt? Hermann kommt eines Tages zurück, überrascht die beiden im Bett. Es kommt zu einer Rangelei zwischen den Männern, in deren Verlauf Maria auf dem Kopf des Amerikaners eine Flasche zerschlägt und ihn tötet.

Das Bild kennen die Musikinteressierten aus der Musikoper „TOMMY" von The Who. In diesem Fall ist es der verschollene Mann, der stirbt, und Tommy darf nichts gesehen, gehört haben und nicht darüber sprechen. Ein Symbol für die Belastungen der Kinder in dieser Zeit. Dies sind Beispiele, die zeigen, wie die Gewalt des Krieges prägte und auch nach dem Krieg im Alltag der 1920er dominierte.

7 Besiegt und besetzt

Wie reagieren Menschen in Not und Verzweiflung? Kann man sich das im heutigen deutschsprachigen, seit mehr als 60 Jahren Gott sei Dank friedlichen, Raum überhaupt vorstellen? Was ist noch bekannt über die Unterschiede in den Besatzungszonen?

„Am günstigsten sprachen die Westdeutschen von den amerikanischen ‚Besatzern'", schrieb der Historiker Wilhelm Treue, „am schlechtesten über die französischen Kolonialtruppen und Besatzungsbehörden, die als brutale Plünderer gefürchtet waren." Massenvergewaltigung und Hungersnöte, rabiate Lagerhaft und mörderische Zwangsarbeit waren laut Volker Koop in der abgeschotteten französischen Zone vorgekommen. Eine Katastrophe war die Besatzung in jeder Hinsicht auch für die Menschen in der sowjetischen Besatzungszone. Welche Leistungen die deutsch-französische Freundschaft heute sowie die guten deutsch-russischen Beziehungen vor dem Hintergrund des Krieges und der Nachkriegszeit darstellen, ist vielleicht erst vor diesem Hintergrund zu ermessen. Heute alte Frauen haben zumindest die Angst vor Vergewaltigung erlebt, vielleicht wurden sie vergewaltigt und haben dies aus Scham zeitlebens nie berichtet. Was bedeutet das für unseren täglichen Umgang mit ihnen beim Toilettengang, in der Grundpflege und im Hinblick auf das Tolerieren ihres Schamgefühls?

Das tägliche Leben war geprägt durch „fringsen". Der Kölner Erzbischof Josef Frings hatte angesichts der Not bei der Kohleversorgung in einem sehr harten Winter öffentlich Verständnis für das massenhafte Klauen von Kohle auf den Kölner Güterbahnhöfen geäußert. Fortan wurde jeder Mundraub „fringsen" genannt.

Was können Bewohner in Einrichtungen der Altenhilfe davon erzählen? Haben sie selbst „gefringst"? Wurden sie erwischt? Was war dann?

Leitwährung war in dieser Zeit die „Lucky Strike" – wer sie hatte, konnte sich fast alles leisten. Schwarzbrennen von Schnaps, Schwarzschlachten und Schwarzbacken waren an der Tagesordnung. Wer in der Nachkriegswährung zahlen konnte, hatte keine Versorgungsprobleme. Ein Radioapparat brachte 600 Zigaretten, ein goldener Ring mit Diamant vielleicht zwei Kilo Kaffee und 50 Zigaretten. Was wissen die Bewohner noch von dieser Zeit? Haben sie schwarz geschlachtet oder Schnaps gebrannt? Hamsterfahrten aufs Land unternommen? Wie haben sie ihre junge Familie durchgebracht oder die Elternfamilie unterstützt?

Was es bedeutet, nichts zu essen zu haben, kann man sich heute nicht mehr wirklich vorstellen. Was haben die Menschen erlebt in der Zeit? Wie haben sie überlebt? Und vor allem, was haben sie gegessen? In den Jahren zwischen 1945 und 1948 haben die 1920er ihr junges Erwachsenenleben mit einem gewaltigen Überlebenskampf retten müssen. Die, die noch lebten, waren oft gefangen, die Frauen in Angst vor den Besatzern und um die eigenen Kinder. Und dann der Hunger. Nichtberufstätige bekamen Nahrung auf „Friedhofskarte", wie der Bezugsschein für die Mindestration genannt wurde. Nur Schwerarbeiter bekamen 450 Gramm Fett, statt der sonst üblichen 220 Gramm. Heutige Bewohnerinnen in Einrichtungen können sicher vom Hunger erzählen, davon wie sie aufgeräumt haben und wie sie ihre Kinder durchgebracht haben!

8 Perspektive aus dem Anti-Kommunismus

In dieser Zeit änderte sich das politische Weltklima. Aus dem Willen zur Bestrafung wurde der Wunsch zu bessern. Den alliierten Westbesatzern wurde angesichts der vielen Hungernden klar, dass politische Vernunft einen schnellen Kurswechsel forderte. Westdeutschland sollte als Bollwerk gegen die Sowjetmacht aufgebaut werden. Hilfspakete aus den USA, Care Paket genannt, waren der Anfang, der Marschall-Plan folgte. West-Deutschland bekam eine eigene Verfassung, eine eigene Regierung, eigenes Geld.

In Ost-Deutschland wuchs der Argwohn gegen die sowjetischen Besatzer. Josef Stalin betrieb massiv die Demontage von Industrie- und Bahnanlagen. Zudem nutzte er die nach Kriegsende leer stehenden Konzentrationslager, um dort neben Alt-Nazis auch Andersdenkende, Sozialdemokraten, Nicht-Kommunisten und Anti-Kommunisten verschwinden zu lassen.

Im Westen setzte sich eine neue Idee durch: „Nie mehr Krieg". Der Untergang des Nazi-Regimes hatte die Generation in diese Richtung geprägt. Politisch durfte wieder gearbeitet werden. Aus den ersten zarten Pflänzchen wuchsen die Parteien heran, deren Repräsentanten an der Diskussion für das Grundgesetz teilnahmen.

Wie haben die Menschen damals, die 1920er, diese Entwicklung erlebt? Waren sie euphorisch, skeptisch, gleichgültig?

9 Das Wirtschaftswunder

Mit der Währungsreform 1948 ging es dann in die Wirtschaftswunderjahre. Jeder Westdeutsche erhielt 40 Mark damals. Und die Läden waren plötzlich wieder voll. Der Schwarzmarkt verschwand und ein rasanter Aufstieg begann. Die inzwischen Endzwanziger hatten jetzt die Chance, soweit sie körperlich und seelisch unversehrt waren, sich ein besseres Leben zu erarbeiten.

Wahrscheinlich können sich heute alte Menschen noch sehr gut erinnern, was sie mit dem ersten Geld gekauft haben! War es richtiger Kaffee, Obst oder ein Kleidungsstück für sich oder die Kinder?

10 Schaffe, schaffe und die Zeit vergessen

In den 50er Jahren wollte man im Westen das Grauen vergessen und seinen Weg gehen. Der Blick zurück in die Zeit des

Zweiten Weltkrieges war verpönt. Arbeiten bis zum Umfallen, vergessen, verdrängen und erst einmal essen und trinken. Jedes Mal, wenn in den 60er Jahren mit Essen im Fernsehen hantiert wurde, ging eine Protestwelle los. Die Menschen konnten es nicht ertragen, wenn mit Essen gespielt wurde, und sie konnten auch nichts stehen lassen. Wer einmal Hunger hatte wie die 1920er, musste immer alles aufessen. Viele Bewohner verhalten sich heute noch ähnlich!

In den 50ern verdoppelten die Westdeutschen ihr Bruttosozialprodukt und verzehnfachten ihre Exportleistung und stiegen nach den USA zur zweiten großen Handelsmacht auf! Eine erstaunliche Leistung!

11 Alte Zöpfe müssen ab

Noch galten die alten Gesetze. Verheiratetete Frauen, die arbeiten gehen wollten, um etwas dazuzuverdienen, brauchten dazu, ebenso wie zum Kauf von Haushaltsgeräten, die Erlaubnis ihres Ehemannes! Die Kirche hatte einen sehr starken Einfluss. Wie war diese Zeit für heute alte Bewohner? Haben sie das auch erlebt oder etwas ganz anderes?

Die 1920er schwärmten für das Kino. Helden waren Heinz Rühmann, Peter Frankenfeld, Heinz Fritsch, Marika Rökk, Romy Schneider. Bert Wendlandt, das Medium Terzett und die junge Cornelia Froboess gehörten zu den neuen Musikstars.

Interessant: Viele in dieser Generation waren gegen die Dietrich, gegen Thomas Mann, gegen Bert Brecht. Sie galten als Verräter, weil sie sich im Ausland gegen die Nazis ausgesprochen haben. Marlene Dietrich war von vielen Deutschen dafür gehasst, dass sie sich in der Truppenbetreuung der Amerikaner engagiert hatte. Man hatte sich eingerichtet und konnte in dieser Welt relativ gut leben, arbeiten und vergessen, was geschehen war. Doch dann gab es einen Schock.

12 Der 68er-Schock

Plötzlich kam die heile Welt ins Stocken: Die Jungen, die Kinder der 1920er, begehrten auf. Sie hatten die Unterdrückung der Gefühle, das Schweigen über die Verbrechen, den damaligen Lebensstil satt. Eine Kernfrage dieser Zeit war: „Was hast du im Dritten Reich gemacht?" Die Studentenbewegung jener Tage war international. In Deutschland ging es um eine neue Kultur, gegen den Vietnamkrieg und für mehr Demokratie in Hochschulen und Politik. Angesichts der damaligen Großen Koalition bildete sich die „außerparlamentarische Opposition" (APO). Für die 1920er eine sehr bedrohliche Situation. Wurden sie doch wieder mit ihrer Vergangenheit konfrontiert. Jetzt mit Ende 40 war das für viele Menschen eine enorme Verunsicherung. Vielleicht sind durch die Radikalität der Jungen in dieser Zeit heute noch Beziehungen zwischen Eltern und Kindern gestört?

13 Die Reiselust

Schon in den 50ern, dann aber in den 60ern massiv, entdeckte die 1920er-Generation die Reiselust. Schon Ende der 50er Jahre reisten sie teilweise auf abenteuerlichen Straßen in den Süden. Österreich und vor allem Italien waren sehr be-liebt. Die Zuverlässigkeit des VW Käfer und des Opel Kadett ist dafür Synonym.

Was können Bewohner von ihren Reisen erzählen? Mit welchen Autos sind sie in den Süden gefahren? Wie haben ihnen die Nudeln dort geschmeckt? Der Wein? Die Pizza? Waren sie mit dem Zelt unterwegs oder mit dem Wohnwagen? Oder gar in einer kleinen Pension? Wie haben sie sich verständigt?

14 Menschen mit Demenz ansprechen

Es gibt – wie aufgezeigt – sehr viele Ansatzpunkte für die Arbeit, das Gespräch mit den Bewohnern. Wichtig ist, ihnen einfache Fragen zu stellen und die Zeit für die Antwort abzuwarten. Beispielsweise könnte man fragen: Welche Kosenamen wurden früher benutzt? Wie haben Sie die Weltmeisterschaft in der Schweiz 1954 erlebt? Wo waren Sie, als das Endspiel lief? Was sagen Sie zum Wembley-Tor 1966? Wie fanden Sie die Beatles? Kennen Sie die Rolling Stones? Die Bewohner haben wahrscheinlich eine Meinung zu solchen Fragen. Die Antworten sind oft erstaunlich. Und auch kontroverse Themen sind spannend. Oft sind die Erinnerungen dazu noch klarer als zu anderen Themen.

Strukturiert kann die Erinnerung wachgerufen werden, wenn man Themen der 50er Jahre wählt, einer Zeit, in der es in Teilen ja schon wieder aufwärts ging. Das Thema „Heimat und Flucht“ kann man mit Fragen der Wohnverhältnisse und der traditionellen Speisen, Sitten und Gebräuche gemeinsam mit den Bewohnern erarbeiten.

In den 50ern selbst war das Kino sehr beliebt und dort einer der ersten Superstars der Nachkriegszeit Heinz Erhardt. Seine Filme, seine Komik und seine Figuren wie „Herr Winzig“ waren, wie man heute sagt, „Kult“. Heinz Erhardt stieg von 1947 an unaufhörlich zu einem der beliebtesten Schauspieler Westdeutschlands auf. Seine Filme wie „Witwer mit fünf Töchtern“ (1957), „Vater, Mutter und neun Kinder“ (1958) und „Natürlich die Autofahrer“ (1959) sind legendär und sicher bei vielen Bewohnern bekannt und immer noch lustig anzusehen.

15 Fazit

Dieser Beitrag soll einen Einblick in die Koordinaten der Schicksale und das mögliche Innenleben heutiger Bewohner in Einrichtungen der Altenhilfe geben. Vielleicht werden unter solchen Aspekten auch die manchmal seltsamen Verhaltensweisen von Kindern und anderen Angehörigen plausibel. Vielleicht kann mit diesen Hinweisen die Biografiearbeit noch intensiviert werden. Gedacht ist der Beitrag als Anregung, mit Neugierde an die Menschen heranzutreten und zu hinterfragen. Es stehen trotz der Demenz vieler Bewohner viele Türen offen, mit den Menschen in ein Gespräch über deren Zeit zu kommen.

Pflegeeinrichtungen sind keine Besserungsanstalten. Bewohner so zu akzeptieren wie sie gerade sind, ihnen die Wertschätzung zu geben, die sie brauchen, ist das wichtigste Ziel. Alte Menschen kann man nicht mehr von irgendetwas überzeugen und auch nicht mehr erziehen. Zu wissen, woher sie kommen, was in ihnen wirkt und wo und wie sie aus ihrer Welt abgeholt werden können, sei es beim Essen, sei es bei den täglichen Aktivitäten und sonstigen Angeboten, ist eine besondere Aufgabe, die Hauswirtschaft im Kontakt mit den Menschen leisten kann. Sie kann Arrangements schaffen, in denen diese Begegnungen möglich sind und erzeugt werden, in dem sie den Raum gestaltet, die Speisen serviert und die Gespräche im Hintergrund aufnimmt.

Hauswirtschaft findet sich wieder in der Rolle des Arrangeurs einer Großfamilien-Situation, in der „Familiengeschichten" erzählt werden. Legenden und Märchen vielleicht, aber Interessantes aus der alten Zeit. Seemannsgarn und Anglerlatein werden dabei sein, aber Menschen lieben es, Geschichten zu hören und zu erzählen. Dies zuzulassen und den Kontakt zur lebendigen Geschichte in der eigenen Einrichtung zu den Menschen dort zu suchen, ist eine wunderschöne Aufgabe!

Quellenverzeichnis

apetito (Hrsg.): *Aktionsbox 50er Jahre Box. Rheine 2005*
Bölsche, Jochen/Hinrichs, Per: *Muckefuck und Hundewurst, in SPIEGEL 49/2005, S. 60 ff*
Großkopff Rudolf: *Unsere 50er Jahre – Wie wir wurden was wir sind. Frankfurt 2005*
Hobsch, Manfred/Petzel, Michael: *Heinz Erhardt: Mopsfidel im Wirtschaftswunderland. Berlin 2005*
Jetter, Monika: *Mein Kriegsvater. Versuch einer Versöhnung. Hamburg 2005*
Kempowski, Walter: *Tadellöser und Wolf. München 1971*
Kempowski, Walter: *Uns geht's ja noch gold. München 1991*
Knopp, Guido: *Die große Flucht. Berlin 2002*
Koop, Volker: *Besetzt. Berlin 2005*
Lemberg, Hans/Franzen, K. Erik: *Die Vertriebenen. Berlin 2002*
Purucker Willy: *Fernsehserie „Löwengrube - Kleine Leute – große Geschichten". Regie: Rainer Wolffhardt, 32 Folgen*
Reitz, Edgar: *Fernsehreihe „Heimat" – 11 Folgen*
Schunck, Peter: *Davongekommen. Aus den angewandten Erinnerungen eines deutschen Pimpfes, Hitlerjungen, Luftwaffenhelfers und Arbeitsmanns der Jahre 1939 – 1945. Stuttgart 2000*
http://www.ostpreussenseiten.de/geschichte.htm

Martina Feulner

Förderung und Unterstützung des Erhalts von Alltags- und Haushaltsführungskompetenzen

1 Zielsetzung

Dem Alltag ein tragfähiges Konzept zu geben, ist die Aufgabe der Haushaltsführung. Für die Lebensgestaltung im Alltag sind hauswirtschaftliches Wissen und die entsprechenden Fähigkeiten und Fertigkeiten maßgebliche Faktoren. Die Begriffe Alltags- und Haushaltsführungskompetenzen stehen für die Fähigkeiten und Fertigkeiten, die alle Handlungen und Entscheidungen in der privaten Daseinsvorsorge steuern.

Bei der Förderung und Vermittlung von Haushaltsführungskompetenzen im pädagogischen und pflegerischen Kontext wird es wichtig, die Bedeutung hauswirtschaftlicher Dienstleistungen in den verschiedenen Lebensphasen zu kennen. Diese Bedeutung ist die Grundlage zur Entwicklung geeigneter Maßnahmen.

2 Bedeutung der Hauswirtschaft

Hauswirtschaftliche Tätigkeiten begleiten Menschen durch das ganze Leben. Sie haben in verschiedenen Lebensphasen aber unterschiedliche Bedeutung.

Hauswirtschaft für Kinder und Jugendliche

- Sicherheit für Wachstum und persönliche Entfaltung,
- Erleben von Gemeinschaft,
- Kennenlernen einer Kultur des Zusammenlebens,
- Versorgung mit Nahrung, Kleidung und sauberer Umgebung,
- Erlernen hauswirtschaftlicher Dienstleistungen.

Hauswirtschaft für Erwachsene

- eigener Haushalt als Gestaltungsraum und Ausdruck der eigenen Persönlichkeit,
- Grundlage und Ausgangspunkt für das Leben außerhalb,
- Versorgung mit Nahrung, Kleidung und sauberer Umgebung,
- Erhaltung des Wohnraums,
- Ausführung bekannter Tätigkeiten.

Hauswirtschaft für ältere Menschen

- eigener Haushalt als Ort der Sicherheit,
- Gestaltung mit festen Ritualen im Alltag,
- eigenständige Versorgung als zentrales Thema des Tätigseins,
- Ausführung vieler durch lebenslange Erfahrung bekannte Tätigkeiten (FEULNER/SIMPFENDÖRFER, 2005).

3 Hauswirtschaft im Alltag von Menschen mit Demenz

Wie in allen Bereichen der Zusammenarbeit mit den Bewohnerinnen und Bewohnern, deren Alltagswahrnehmung durch eine demenzielle Erkrankung beeinflusst ist, ist es wichtig zu beobachten, in welchem Lebenskontext das Leben gelebt wird. Fühlt und erlebt sich ein Bewohner als Heranwachsender, so kann dies auch in seinem Umgang mit hauswirtschaftlichen Aufgaben eine Rolle spielen. In den meisten Situationen werden es aber die tief verinnerlichten Erfahrungen in der Hausarbeit sein, die die Zusammenarbeit prägen: Fertigkeiten und Abläufe, die durch viel Erfahrung und sichere Handhabung wie von selbst ausgeübt werden und damit für die Bewohnerinnen und Bewohner Situationen schaffen, in denen sie für sich selbst und die Gruppe tätig sein können. Erworbene Kenntnisse und Fertigkeiten in der Hauswirtschaft, die auch im Alter noch gerne aufgeführt werden, tragen somit dazu bei, sich als Person zu erleben.

Die Arbeitsvorhaben und die konkrete Aufgabenstellung müssen auf die vorhandenen individuellen Ressourcen und Interessen abgestimmt sein. Die Ausführung der Tätigkeiten, etwa die Zubereitung von Speisen, erfordert Ausdauer, Konzentration, Geschicklichkeit und ein hohes Maß an Koordinationsfähigkeit. In der Begleitung und Unterstützung ist sehr genau zu beobachten, welche Aufgaben von wem gut übernommen werden können. Wichtig wird es damit, sich einen Überblick darüber zu verschaffen, welche Aufgaben zur Alltagsgestaltung in der eigenen Hausgemeinschaft oder Wohngruppe gehören. Dieses Hintergrundraster ist auch hilfreich, um Handlungen und Abläufe zu interpretieren, die von Bewohnerinnen und Bewohnern ausgeführt werden in Erinnerung an Tätigkeiten, die in ihrem Leben wichtig waren. Durch eine sensible Beobachtung können so individuelle Lebens- und Gestaltungsräume geschaffen werden, die sich die Bewohnerinnen und Bewohner nicht mehr selbstständig erschließen können (vergl. Tab. 1). Dies kann zum Beispiel die Einrichtung eines Nähplatzes sein oder auch der Umgang mit Materialien, die aus früheren Tätigkeiten vertraut sind.

4 Hauswirtschaft und Betreuung

Eine Grundregel für die Beteiligung und Zusammenarbeit im hauswirtschaftlichen Bereich ist aber auch, dass es wichtig ist, die gesamte Bandbreite von der Beobachtung des Geschehens bis hin zur selbstständigen Erledigung im Blick zu haben (vergl. Tab. 2).

Hauswirtschaftliche Tätigkeiten sind mit einer großen Vielfalt von Sinneseindrücken verbunden, die in pflegerischen und pädagogischen Prozessen genutzt werden können. Die Vermittlung von Haushaltsführungskompetenzen unterstützt pädagogische Maßnahmen durch:

- Befähigung zur eigenständigen Alltagsgestaltung,
- Anleitung zum gemeinsamen Arbeiten,
- Erreichen von gesetzten Zielen,
- Schaffen von Sinneseindrücken (FEULNER/SIMPFENDÖRFER, 2005).

Was gehört zum Alltag?	
Alles rund um die Mahlzeiten	Planung der Speisen und Getränke Einkaufen Kochen Spülen Reinigung der Küche
Wäsche	Waschen in der Maschine, Handwäsche Aufhängen Bügeln, Mangeln Legen der Wäsche Ausbesserungsarbeiten
Reinigen	Staubwischen Staubsaugen Fegen feucht und nass reinigen
Aufräumen	an bestimmten Stellen Ordnung schaffen ein Zimmer aufräumen Grundreinigung
Blumenpflege	Gießen der Pflanzen Entfernen von welken Blättern Umtopfen Blumen in Vasen anordnen
Schuhe putzen	
Kleidung durchsehen	
Besorgungen machen	Post holen Zeitung holen Einkäufe machen
Informiert sein	Zeitung lesen Nachrichten hören eine Sendung ansehen

Tab. 1: Hauswirtschaftliche Alltagstätigkeiten

	Aufgaben der Betreuenden	Gestaltungsprinzipien
Ausgangspunkt: Eine Aufgabe des Alltags	den Bewohnerinnen und Bewohnern Raum geben, dabei zu sein	❖ findet öffentlich statt ❖ die Ausführungen beschreiben und erläutern ❖ vertraute Geräte und Verfahren einsetzen
	Kontakt aufnehmen	❖ Fragen stellen zur Aufgabe ❖ sich zum Thema unterhalten ❖ zur Unterstützung auffordern
	die Bewohnerinnen und Bewohner einbeziehen	❖ kleine Aufgaben übergeben ❖ zu Handreichungen auffordern
	Aufgaben übertragen	❖ die Tätigkeiten delegieren ❖ ggf. die Ausführungen unterstützen
Ziel: Erledigung der Aufgabe	selbstständiges Erledigen unterstützen	❖ einzelne Aufgaben in die Verantwortung übergeben ❖ Situationen zur Zusammenarbeit fördern

Tab. 2: Alltagstätigkeiten von Bewohnern und Betreuungspersonal

Stehen hauswirtschaftliche Dienstleistungen im Kontext pädagogischer und pflegerischer Prozesse, so tragen folgende Elemente zum Erfolg bei:

- das Erfahrungswissen der Bewohnerinnen und Bewohner, das im Verlauf des Lebens erworben wurde,
- der hohe Realitätsbezug, wenn im privaten Haushalt bzw. im privaten Lebensumfeld gearbeitet wird,
- die Beteiligung an hauswirtschaftlichen Prozessen entsprechend der Gegebenheiten in der Einrichtung, so dass immer ein Ergebnis erreicht wird,
- gemeinsames Arbeiten im hauswirtschaftlichen Kontext, das die Entwicklung von helfenden Beziehungen unterstützt,
- Tätigkeiten, die mit einer Vielfalt von Sinneserfahrungen verbunden sind.

5 Konzepte hauswirtschaftlichen Handelns

Eine Übersicht zu den verschiedenen hauswirtschaftlichen Handlungsansätzen und Verantwortlichkeiten gibt die folgende Zusammenstellung.

Bewohnerorientierte hauswirtschaftliche Versorgungsansätze
Eine hauswirtschaftliche Führungskraft hat die Gesamtverantwortung. Die auszuführenden Arbeiten werden von hauswirtschaftlichen Fachkräften und angelernten Kräften übernommen:

- Speisen und Getränke orientieren sich an Bekanntem: traditionelle und regionale Gerichte.
- Einrichtung und Ausstattung sind zugänglich und können alleine bedient und genutzt werden.
- In allen Bereichen sind Wahlmöglichkeiten für alle Bewohnerinnen und Bewohner vorzusehen.
- Die Kostformen werden auf die Bedarfe abgestimmt.
- Die Reinigung der Individualbereiche erfolgt in enger Abstimmung mit den Bewohnerinnen und Bewohnern und hat immer Beteiligungsmöglichkeiten im Blick.

Bewohnerbeteiligende
hauswirtschaftliche Betreuungsansätze
Hauswirtschaftliche Fachkräfte übernehmen die Vorbereitung und die praktische Durchführung mit der Anleitung:

- Möglichkeiten der gemeinsamen Zubereitung bzw. die Beteiligung bei der Zubereitung von Speisen und Mahlzeiten ist sowohl in der Wohngruppe, einer „Lehrküche" oder auch im Umfeld einer Zentralküche das Ziel für die Hauswirtschaft.
- Bei möglichst vielen Aufgaben des Alltags bzw. im Verlauf des Jahres werden Beteiligungsmöglichkeiten geschaffen, zum Beispiel die gemeinsame Planung von Geburtstagsessen oder Feiern mit Angehörigen und Freunden.

Hausgemeinschafts- und Wohngruppenkonzeptionen
Die Fäden laufen bei den Fachkräften zusammen, die über hauswirtschaftliche Kompetenzen verfügen müssen:

- Alltagsgestaltung in gemeinsam genutzten Wohnräumen mit dezentralen Versorgungsstrukturen.
- Management des gemeinsamen Haushalts mit seinen Aufgaben. Begleitung und Unterstützung der Bewohnerinnen und Bewohner durch Präsenzkräfte bzw. Alltagsbegleiter oder Alltagsmanager.

Trainingskonzepte zur Förderung von Alltagskompetenzen

Voraussetzung zur Durchführung von Trainingskonzepten sind Zusatzqualifikationen als Ergänzung zu hauswirtschaftlichen Kompetenzen:

- ergotherapeutische Ansätze im Alltag oder auch Ergotherapie im Haushaltskontext,
- fördernde „Kochkurse“,
- gezielte Anleitung im alltäglichen Handeln.

Therapeutische Ansätze

Voraussetzung für therapeutische Ansätze sind Zusatzqualifikationen als Ergänzung zu hauswirtschaftlichen Kompetenzen:

- Essen und Kochen in der basalen Stimulation,
- Kochen am Bett,
- Eat by Walking (FEULNER, 2003).

Quellenverzeichnis

Biedermann, Markus: *Essen als basale Stimulation. Hannover 2003*
Bundesministerium für Gesundheit und soziale Sicherung (Hrsg.): *Alltagsbegleitung und Präsenz in Hausgemeinschaften. Kuratorium Deutsche Altershilfe. Köln 2004*
Feulner, Martina: *Lebensmittelpunkt Heim. Der Beitrag der Hauswirtschaft zu einer lebensweltorientierten Pflege und Versorgung, in: Verband katholischer Heime und Einrichtungen der Altenhilfe in Deutschland. Freiburg 2003*
Feulner, Martina/Simpfendörfer, Dorothea: *Soziale Dienste – den Alltag bewältigen. Hamburg 2005*
Hoffmann, Alfred/Biedermann, Markus: *Esskultur im Heim. Hannover 1995*

Teil 2
Hauswirtschaftliche Einzelbereiche

Angelika Sennlaub
Wohnen – Besonderheiten von Planung und Gestaltung des Lebensraums

1 Einleitung

Wie sieht eine demenzgerechte Umwelt aus? Es sind räumliche, soziale und organisatorische Elemente, die für Menschen mit Demenz bewusst gestaltet werden sollten, um ihnen das Leben zu erleichtern. Wir wissen heute einiges darüber, welche Raumerfordernisse die Demenzkrankheit mit sich bringt: Von der Architektur bis hin zur Dekoration mit Tischdecken und Gestecken gibt es Erkenntnisse, was Menschen mit Demenz hilft. Mit Hilfe der Raumgestaltung können so genannte Fehlleistungen wie Depressivität, Unruhe oder Aggressivität deutlich reduziert werden – was im Umkehrschluss auch denjenigen das Leben erleichtert, die sie betreuen. Das Arbeitsfeld der Ökogerontologie beschäftigt sich mit den Beziehungen zwischen alten Menschen und ihrer Umwelt. Dieses Wissen ist für Einrichtungen für demenziell erkrankte Menschen von zunehmender Bedeutung.

2 Wohnen im Heim

Wohnen ist ein Begriff, der bis heute nicht eindeutig geklärt ist (SENNLAUB, 2005, S. 19ff). Bekannt ist, dass er bei den meisten Menschen positive Assoziationen auslöst: Heimat, Schutz, Geborgenheit; in einem Haus oder einer Wohnung; mit lieben und vertrauten Menschen. Im Englischen spricht man von Wohnen als Leben (wohnen = to live). Fast immer wird es gleichgesetzt mit privatem Wohnen, also mit dem Wohnen einer Familie, eines Paares oder Alleinstehender. Seltener wird daran gedacht, dass viele Menschen ihren Wohnalltag anders leben (müssen oder wollen). Dazu gehören Menschen, die in einem Kloster leben, ebenso wie diejenigen im Gefängnis; dazu gehören junge Menschen im Kinderheim ebenso wie alte Menschen im Altenheim. Wenn man davon ausgeht, dass Wohnen im weitesten Sinn den längerfristigen Aufenthalt an einem Ort meint, an dem man schläft, an dem man sich wäscht, an dem die Organisation der Alltagsversorgung stattfindet, an den man sich zurückziehen kann und an dem man seine privaten Kontakte pflegt, dann zählen als Wohnorte nicht allein private Häuser oder Wohnungen, sondern auch Institutionen jeder Art, in denen Menschen über einen längeren Zeitraum leben. Diese Institutionen dienen unterschiedlichen Zwecken, immer aber wohnen die Bewohner dort.

Im Alten(pflege)heim oder auch einer Wohngruppe ist der Anlass des Aufenthalts meist die nachlassende Fähigkeit, sich selbstständig versorgen zu können. Zu diesem Zweck gibt es Personal, das die Versorgung garantiert. Die hauswirtschaftlichen Arbeiten werden den Bewohnern abgenommen, je nach Bedarf kommen Pflegeleistungen dazu. Das führt zu einem merkwürdigen Zwitter-Wohnen: Während für die einen dieser Ort das Zuhause sein soll, ist er für die anderen ein (mehr oder weniger geliebter) Arbeitsplatz; während die einen ihren Lebensmittelpunkt hierher verlegt haben und ihre gesamte Zeit hier verbringen, arbeiten die anderen über einen definierten Zeitraum bezahlt in einem Versorgungsunternehmen; während sich die einen die oben genannten positiven Eigenschaften erhoffen von Schutz, Geborgenheit, Heimat, hoffen die anderen vermutlich auf einen reibungslosen Arbeitsablauf. Dieses Phänomen der beiden Gruppen, die unterschiedliche Beziehungen zum selben Ort als Wohn- oder Arbeitsplatz haben, ist in allen Institutionen anzutreffen (siehe dazu umfassend GOFFMAN, 1977). Es trägt unweigerlich zu Spannungen bei, die bis zur gegenseitigen Gewalt führen können. Forscher und Politiker beschäftigen sich deshalb seit längerem damit, wie dem begegnet werden könnte – bis hin zur Forderung, Heime ganz abzuschaffen (siehe dazu zum Beispiel DÖRNER, SNETHLAGE, 1997). Institutionen zu verkleinern und solche Merkmale, die Institutionen kennzeichnen, weitgehend zugunsten einer privat anmutenden Wohnumwelt zu reduzieren, sind die wichtigsten

Resultate dieser Überlegungen: Je „normaler" eine Umwelt gestaltet ist, desto geringer scheinen mögliche Probleme.

Auch Häuser, in denen überwiegend demenziell erkrankte Menschen leben, sind von diesem Phänomen geprägt. Menschen mit Demenz sind besonders abhängig von ihrem Wohnort, weil sie mit zunehmendem Krankheitsverlauf ihre Alltagskompetenzen verlieren. Ein „normales" Leben kann für sie nicht gleichbedeutend sein mit dem von Gesunden. Normales Leben muss hier vor allem bestimmte Qualitäten wie Würde, Wertschätzung und Entscheidungsfreiheit beinhalten. Auch wenn die Entscheidungsfreiheit mit der Zeit immer weniger wahrgenommen werden kann und die Wertschätzung zunehmend schwieriger werden mag, so weiß man heute, dass Gefühle bis zum Tod uneingeschränkt wahrgenommen werden und eng mit der Lebenssituation verknüpft sind. Deshalb scheint es sinnvoll, Menschen mit Demenz nicht im privaten Haushalt zu belassen, der sie und ihre Betreuenden häufig überfordert. Die Mehrheit der Fachleute plädiert heute für das Wohnen in einer demenzgerechten Umwelt, die den Bewohnerbedürfnissen gerecht wird und ihnen weitgehend eigene Handlungsspielräume ermöglicht. Es wird sogar vorgeschlagen, für die drei Stadien der Demenz jeweils spezifische Wohnorte zu schaffen, um den sich verändernden Bedürfnissen der Betroffenen besser begegnen zu können (dazu zum Beispiel HELD, ERMINI-FÜNFSCHILLING, 2004). Das fördert deutlich die Zufriedenheit und Ausgeglichenheit und hilft damit im Umkehrschluss auch all denen, die als Personal am Wohnort der Menschen mit Demenz arbeiten.

Milieugestaltung in demenzgerechten Einrichtungen

Mit dem Leben alter Menschen im weitesten Sinne befasst sich die Gerontologie. Wichtig für das Wohnen ist das Spezialgebiet der Ökologischen Gerontologie: Es beschäftigt sich mit den Beziehungen zwischen alten Menschen und ihrer Umwelt (WAHL, 2000, 203).

Der Begriff Ökologie geht zurück auf die Biologie, dort bezeichnet er die Beziehungen zwischen einem Organismus und der ihn umgebenden Außenwelt. Bezieht er sich auf Menschen, wird meist von dem Milieu gesprochen, in dem sich ein Mensch aufhält und das bewusst gestaltet werden kann. Das Milieu umfasst die räumliche Umwelt ebenso wie die soziale und organisatorische (vergl. Abb. 1). Im Altenheim oder der Wohngruppe mit demenziell erkrankten Menschen beinhaltet die physische Umwelt alle nicht-menschlichen Elemente wie Gebäude, Innenraumgestaltung oder Gestaltung der Außengelände. Zur sozialen Umwelt gehören alle sozialen Elemente wie Bewohnerstruktur, Kommunikationsstil oder Angehörigenarbeit; die organisatorische Umwelt steht für die Organisationskultur des Hauses, dazu gehören Größe der Einheit, Ablauforganisation oder Mitbestimmungsregeln (Bundesministerium für Gesundheit und Soziale Sicherung, 2004, 7). Dieses Milieu wirkt sich auf den Menschen, der in ihm lebt oder arbeitet, aus – es kann etwa das Leben erleichtern oder auch erschweren, es kann Handlungen fördern oder behindern, es kann Stress oder Ruhe vermitteln. Wesentlich ist: Die Wirkung des Milieus stellt sich nur in ihrer Gesamtheit her. Bewohnerorientierung muss deshalb bedeuten, alle Elemente, also das Verhalten der Mitarbeiter, die Organisation und den Raum an den Erfordernissen der Demenz auszurichten. Nur so wird ein optimales Ergebnis erreicht werden können.

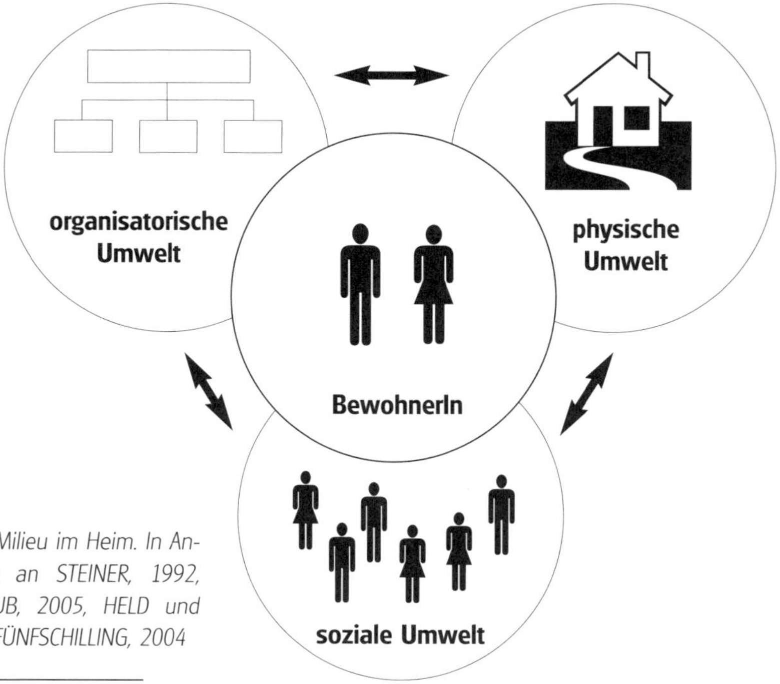

Abb. 1: Milieu im Heim. In Anlehnung an STEINER, 1992, SENNLAUB, 2005, HELD und ERMINI-FÜNFSCHILLING, 2004

Hauswirtschaft in demenzgerechten Einrichtungen

Im Milieukonzept sind hauswirtschaftliche Mitarbeiter nicht nur Bestandteil der sozialen Umwelt, sondern sie sind wesentlich am Formen der physischen Umwelt beteiligt: Sie übernehmen meist die Verantwortung in der Raumgestaltung und müssen, sofern sie Leitungsfunktionen innehaben, architektonische Maßnahmen bei Um- und Neubau (mit)entscheiden. Dazu garantieren sie die Pflege und Sauberkeit der gesamten Einrichtung. Damit sind „Hauswirtschaft und Küche (...) gleichwertige Dienste wie Pflege, Therapie, Administration und ärztliche Versorgung und müssen bei der Planung eines demenzgerechten Heims von Anfang an mit einbezogen werden" (HELD, ERMINI-FÜNFSCHILLING, 2004, 81). In der Ausbildung von hauswirtschaftlichen Fachkräften werden Fragen der physischen Gestaltung für unterschiedliche Bedarfsgruppen sträflich vernachlässigt. Dieser Beitrag konzentriert sich deshalb auf die Besonderheiten der Gestaltung der physischen Umwelt. Da die Atmosphäre im Heim oder einer Wohngruppe nicht nur von Personal und Angehörigen, sondern auch von Demenzbetroffenen bis zum Tod sehr wohl registriert wird, ist sie für das Wohnen (und Sichzuhausefühlen) von zentraler Bedeutung. Diese Atmosphäre wird zu einem wesentlichen Teil im räumlichen Bereich von hauswirtschaftlichen Mitarbeitern geschaffen. Das Fehlen etwa unangenehmer Gerüche oder von Schmutz, das Vorhandensein von Vasen mit Blumen oder jahreszeitlichen Arrangements und das Vermitteln von Ruhe und Gelassenheit trotz Zeitdrucks sind hauswirtschaftliche Leistungen, die eine wesentliche Basis für die gesamte Kultur im Haus bilden. Darüber hinaus sind hauswirtschaftliche Mitarbeiterinnen und Mitarbeiter in der Lage, Bewohnerinnen und Bewohner anders wahrzunehmen als medizinisches Personal und sollten deshalb in das Teamgefüge stärker einbezogen werden: „Aufgeschlossenes Pflegepersonal (profitiert) enorm von den Wahrnehmungen und Sichtweisen des Hauswirtschaftspersonals. Unbelastet von Pflegetheorien und Pflegestress sind die Hausangestellten sehr nah am Heimbewohner und können Wichtiges über sein Verhalten oder sein Befinden mitteilen" (HELD, ERMINI-FÜNFSCHILLING, 2004, 83).

Umso wichtiger ist es deshalb, vehement auf die Bedeutung der Hauswirtschaft zu verweisen: Nur unter Einbeziehung aller Verantwortlichen wird ein Milieu hergestellt werden können, das als Ganzes seine Wirkung optimal entfaltet.

3 Anforderungen an die Gestaltung des Wohnraums

Zahlreiche Untersuchungen belegen, dass mit einer gezielten Raumplanung und -gestaltung das Befinden von Bewohnern mit Demenz deutlich beeinflusst werden kann (SLOANE und MATHEW, 1991, RITCHIE et al., 1992, ANNERSTEDT et al., 1993, je zitiert in HEEG, 2000, 233). Das gilt sowohl im Positiven wie im Negativen: Eine demenzgerecht gestaltete räumliche Umwelt trägt wesentlich zum Wohlbefinden der demenziell erkrankten Menschen und damit auch der übrigen Personen bei, während eine Umwelt, die die Menschen überfordert, so genanntes Fehlverhalten auslösen kann wie Schreien, Depressivität oder Urinieren. Es wird daher empfohlen, nicht zu versuchen, Menschen mit Demenz an „unsere" Umwelt anpassen zu wollen, sondern die Umwelt demenzgerecht zu gestalten. „Allen Beteiligten ist oft mehr gedient, wenn sich die Umwelt den Besonderheiten des Kranken anpasst. Bei Kindergärten und Altenheimen ist es heute ja auch selbstverständlich, dass sich diese an den Belangen der Zielgruppe orientieren. Machen dem Kranken Gegenstände Angst (zum Beispiel wenn ein Kleiderständer mit Hut und Mantel als ‚Mann im Raum' wahrgenommen wird), besteht die einfachste Lösung oft darin, das betreffende Objekt wegzustellen" (AlzheimerForum, 2005).

Obwohl der Forschungsstand in diesem Bereich noch unzureichend ist, gibt es große Übereinstimmung bei den Anforderungen, die an ein demenzgerechtes Milieu gestellt werden (JUDD et al., 1998, COHEN und WEISMAN, 1991, HEEG, 1994, je zit. in HEEG, 2000, 234). Nach HEEG (wenn nicht anders angegeben, beziehen sich alle Angaben dieses Abschnitts auf: HEEG 1994, 2000, 2003) kann die bewusste Gestaltung der physischen Umwelt genutzt werden, um

- demenztypische Einschränkungen zu kompensieren und
- Folgesymptome der Krankheit (wie Unruhe, Angst, Aggressivität) therapeutisch zu beeinflussen.
- Darüber hinaus sollten, sofern es sich um den Heimaufenthalt handelt, Nachteile der institutionellen Unterbringung so weit wie möglich vermieden werden.

Wesentlich ist, dass die Umwelt in erster Linie aus funktionellen Erwägungen heraus gestaltet wird. Menschen mit Demenz sind in ihrer Kompetenz stark beeinträchtigt und benötigen eine sie unterstützende Umwelt, die die nachlassenden Fähigkeiten zumindest teilweise kompensiert und sie zum Erleben anregt.

Von denjenigen, die dort arbeiten, kann das als Belastung empfunden werden. Eine Hauswirtschaftsleiterin berichtete, dass sie alle Räume neu gestaltet habe – sie habe die Atmosphäre nicht mehr ertragen können und sich mit etwas „Schönem" umgeben wollen, etwas, was ihr selbst gefiel – schließlich sei auch sie Tag für Tag stundenlang in den Räumen. Wie dieser Spannung, die die Bedürfnisse zweier derartig unterschiedlicher Personengruppen (im Alter, in der Arbeits-/Zuhauseorientierung und in der geistigen Leistungsfähigkeit) zwangsläufig mit sich bringt, begegnet werden kann – darüber ist zurzeit leider viel zu wenig bekannt. Dieser Blickwinkel muss deshalb auch in diesen Ausführungen fehlen.

Tabelle 1 gibt einen Überblick über die Anforderungen, die an eine demenzgerechte physische Umwelt gestellt werden.

Am Ende des Beitrags finden sich konkrete Tipps für die Planung und Gestaltung des demenzgerechten Milieus. Es wird nicht möglich sein, umfassend alle denkbaren Maßnahmen zu nennen. Es ist vielmehr wünschenswert, dass sich je-

Kompensatorisches Milieu	❖ Unterstützung bei nachlassender Orientierung ❖ Unterstützung bei veränderter Wahrnehmung ❖ Unterstützung beim Nachlassen der Fähigkeit, komplexe Aufgaben zu lösen
Therapeutisches Milieu	❖ Stimulation der an Demenz Erkrankten ❖ Vermittlung von Sicherheit und Geborgenheit ❖ Ermöglichen der Regulation von Sozialkontakten ❖ Ermöglichung von Selbstbestimmung/ Selbstständigkeit
Vermeidung institutioneller Charakteristika	❖ Vermeiden institutioneller Gestaltungsmerkmale ❖ Privatheitsregulation ❖ Biografischer Bezug

Tab. 1: Anforderungen an die physische Umwelt bei Demenz

der in seinem eigenen spezifischen Kontext, in dem eigenen Heim, der eigenen Wohngruppe, der eigenen Hausgemeinschaft der prinzipiellen Möglichkeiten der Umweltgestaltung bewusst ist, um die Chancen erkennen und ergreifen zu können.

Kompensatorisches Milieu

Das kompensatorische Milieu sollte auf die wesentlichen Einschränkungen, welche die Demenz mit sich bringt, reagieren, indem es die Betroffenen unterstützt. Die Umwelt wird gewissermaßen zu einer Prothese, die fehlende Körperfunktionen, in diesem Fall nachlassende kognitive Fähigkeiten, zumindest teilweise auffangen kann. Bei Menschen mit Körperbehinderung spricht man von „prothetischer" Umweltplanung; dieses Prinzip der Prothese gilt auch hier. Die nachlassenden kognitiven Fähigkeiten betreffen die Orientierung, die Wahrnehmung und das Vermögen, komplexe Situationen zu bewältigen.

Orientierung

Im Zuge der demenziellen Erkrankung verliert der Mensch mehr und mehr die Fähigkeit, sich in seiner Umwelt zurechtzufinden. Eine einfach gestaltete Umwelt kann den Betroffenen die Orientierung erleichtern. Es gibt zwei architektonische Konzepte, die als hilfreich anerkannt sind:

1. Beim Konzept des „Totalen Überblicks" handelt es sich um kleine Wohngruppen, in denen die jeweiligen Privatzimmer um den gemeinsamen Aufenthaltsbereich gruppiert sind, so dass alles mit einem Blick eingesehen werden kann. Dieses Konzept ist nur bei kleinen Gruppen sinnvoll (maximal zehn Bewohner), weil der zentrale Raum sonst zu groß und hallig wirken würde.
2. Bei größeren Gruppen kann das so genannte „Flur-" beziehungsweise „Nachbarschaftskonzept" (RADZEY, 2002, S. 33) umgesetzt werden: Die Räume liegen entlang von Korridoren, die, ähnlich wie in einer dörflichen Straße, Nachbarschaften entstehen lassen. Für Menschen mit Demenz ist es hier allerdings wichtig, die Wege so anzulegen, dass „Wanderer" automatisch zum Ausgangspunkt zurückgeführt werden – ohne Verzweigungen, also als Endlosschleife.

Zusätzlich kann die räumliche Orientierung unterstützt werden durch Markierungen (zum Beispiel unverwechselbare Markierungen der Türen zu den Privatzimmern, Kochtopfbild an der Tür zur Küche), Bodenbeläge oder Lichtführung. Schilder hingegen sind den Studien zufolge nur im Anfangsstadium der Demenz sinnvoll; sie sollten dann niedriger als üblich (Augen- oder Fußbodenhöhe) und gut beleuchtet angebracht werden.

Aber auch die zeitliche Orientierung geht nach und nach verloren und löst in den Betroffenen Unsicherheit und Angst aus. Daher wird empfohlen, feste, ritualisierte Zeiten des Tages einzuhalten (Mahlzeiten, Spaziergänge, Reinigung der Räume usw.). Hilfreich für die Kranken sind im Anfangsstadium große Uhren und Kalender, die Orientierung in der Zeit (Jahr, Monat, Tag, Uhrzeit) bieten. Bewährt haben sich auch Pflanzen und Dekorationen, die für bestimmte Jahreszeiten typisch sind (Obstbäume, Weihnachtsgesteck, Frühlingsstrauß).

Ein wesentlicher Punkt ist auch das Nachlassen der Orientierung im eigenen Leben. Im Laufe der Erkrankung wandern die Betroffenen gewissermaßen in ihrem eigenen Leben zurück und wähnen sich in einem früheren Lebensabschnitt, meist Jugend- oder junge Erwachsenenzeit. Daher wird empfohlen, in der Umweltgestaltung an diese Zeit anzuknüpfen (alte Möbel, Geschirr, Musik). Wichtig ist hier auch, Spiegel zu verhängen oder abzumontieren, weil die Bewohner sich darin nicht erkennen (können) und vor dem verzerrten Bild erschrecken.

Wahrnehmung

Bei dementen Menschen kommen das altersbedingte Nachlassen der Sehkraft und der Farbwahrnehmung zusammen mit dem demenziell bedingten Nachlassen des Verstehens. In der Folge kann die (undeutlich) wahrgenommene Umwelt nicht ausreichend interpretiert werden. Hier kann durch räumliche Gestaltung mit einfachen Mitteln geholfen werden, besonders, indem Kontraste in den Mittelpunkt gerückt werden. Wichtig ist auch eine warme, helle Beleuchtung, die keine Schatten wirft. Empfohlen wird eine Kombination aus indirekter Beleuchtung mit Wand-, Decken- und Tischleuchten, die eine wohnliche Atmosphäre schaffen. Dazu unterstützen satte, warme, hell leuchtende Farben die Umweltwahrnehmung. Kalte

Pastellfarben hingegen wie rosa, hellblau oder fliederfarben können nicht mehr gut wahrgenommen werden, kontrastarme Dinge häufig nicht voneinander unterschieden werden (Heeg nennt weißes Geschirr auf weißer Tischdecke, Varianten wären etwa Bananen in gelblicher Holzschale oder klares Wasser in einem Glas). Eine Ausnahme bilden Fußböden: Hier sollten Kontraste unbedingt vermieden werden, weil sie oft als Löcher im Boden oder Barrieren wahrgenommen werden.

Bewältigung komplexer Aufgaben

Das dritte wesentliche Problemfeld liegt in der nachlassenden Fähigkeit, komplexe Aufgaben zu lösen. Das abstrakte Denken lässt im Zuge der Krankheit nach, so dass zum Beispiel die Reihenfolge von Tätigkeiten nicht mehr begriffen werden kann. Hier kann Hilfestellung gegeben werden, indem Abläufe vereinfacht werden. Zum Beispiel ist ein Spezialschrank entwickelt worden, in dem die Kleidung in der Reihenfolge des Anziehens sortiert ist. Eine andere Möglichkeit bieten Schränke mit Glastüren oder offene Regale, damit die Bewohner den Inhalt sehen können und zum Benutzen angeregt werden. Umgekehrt können ungewünschte Handlungen erschwert werden, etwa indem Türen farblich mit der Wand verschwimmen oder hinter einem unauffälligen Vorhang verschwinden (Kontraste fehlen) – sie werden dann von vielen demenziell erkrankten Menschen nicht mehr wahrgenommen.

Besonders für mobile Personen werden lange Flure oft zur Falle: Das Sichumdrehen ist eine kognitive Leistung, die zunehmend nachlässt. So treten viele auf der Stelle und für sie sind Endlos-Wanderwege, die automatisch zum Ausgangspunkt zurückführen, Bedingung zur entspannten Bewegung.

Therapeutisches Milieu

Neben der Hilfestellung bei verloren gegangenen Fähigkeiten sollte die Milieugestaltung darauf abgestimmt sein, das Befinden und das Verhalten der Menschen mit Demenz positiv zu beeinflussen. Wesentlich sind hierfür vier Bereiche: die Betroffenen zu stimulieren, Sicherheit und Geborgenheit zu vermitteln, Sozialkontakte zu fördern und Selbstbestimmung zu ermöglichen.

Stimulation

Demenziell erkrankte Menschen sind besonders empfindlich gegenüber einer Reizüberflutung oder plötzlich auftretenden Reizen. Deshalb sollten demenziell erkrankte Menschen angeregt werden, ohne sie mit zu vielen Reizen zu überfordern. Sie benötigen sehr viel weniger Reize als kognitiv gesunde Menschen, um etwas zu erleben. In der räumlichen Gestaltung gibt es verschiedene Möglichkeiten, auf die Anforderungen zu reagieren. Dabei ist es vor allem die Hauswirtschaft, die die Gratwanderung zwischen Reizarmut und Reizüberflutung bewältigen muss. Die Dekoration des Hauses zählt zu den wichtigsten Aufgaben der Hauswirtschaft und muss stets das Maß der Reize balancieren. Große Gestecke etwa oder blinkende Lichterketten werden als unübersichtlich empfunden, sie überfordern die Betroffenen mit den vielen Anregungen, die sie bieten. Räume ohne Dekoration hingegen sind langweilig und ungemütlich. Unruhige Muster überfordern die Bewohner; dagegen können angenehme, wohldosierte Reize wie besondere Materialien oder Gerüche positiv anregen und das Befinden verbessern. Jeglichem Lärm sollte so weit als möglich vorgebeugt werden. „Lärm bedeutet für demenzbetroffene Menschen, was Treppen für Menschen im Rollstuhl bedeuten“ (HELD, ERMINI-FÜNFSCHILLING, 2004, 104), entsprechend müssen dämmende Materialien eingesetzt und große, hallige Räume vermieden werden. Ruhige Musik dagegen fördert bei den meisten das Wohlgefühl und vermindert die so genannten Fehlsymptome wie Schreien oder Unruhe. Wichtig scheint auch der großzügige Blick durch das „Fenster zur Welt“ (HEEG, 2003, 2000), das die Bewohner am Leben außerhalb optisch teilhaben lässt.

Sicherheit und Geborgenheit

Sicherheit ist eines der Schlüsselthemen, wenn es um Raumgestaltung geht. Hier geht es darum, dass die Menschen sich in die Obhut der Einrichtung begeben haben und ihre Sicherheit gewährleistet sein muss. Viele gute Ideen scheitern an diesem Punkt: Feuerpolizeiliche Vorschriften kollidieren mit Sesseln auf dem Flur und wohnliche Gardinen sind nicht schwer entflammbar. Jede Hauswirtschafterin weiß viele solcher Geschichten zu erzählen. Dazu kommt: Die Selbsteinschätzung Demenzbetroffener weicht meist beträchtlich von der Fremdeinschätzung ab, sie erkennen Gefahren nicht mehr und geraten deshalb leicht in gefährliche Situationen. Gleichzeitig entspricht es nicht ihrer Selbstwahrnehmung, beschützt werden zu müssen, so dass sie auf offensichtliche Sicherheitsmaßnahmen (verschlossene Türe, Gitter usw.) abwehrend reagieren. Schon offen zugängliche Treppen können für demenziell erkrankte Menschen gefährlich sein, ebenso wie giftige Pflanzen, die gegessen werden. Gefährlich werden auch das Heißwasser aus dem Hahn oder Messer in der Küche – ständig müssen die Mitarbeiter sich dieser Problematik bewusst sein und mögliche Gefahrenquellen beseitigen, ohne Möglichkeiten der Beteiligung zu verhindern und anregende Reize zu ersticken.

Gleichzeitig geht Sicherheit im Sprachgebrauch immer mit Geborgenheit zusammen. Hier wird der Anspruch an Wohnlichkeit, an Heimat und Schutz, besonders deutlich, denn das Zuhause ist der Ort, an dem man „sicher und geborgen" ist. Emotionale Sicherheit und Geborgenheit kann durch bauliche Maßnahmen gefördert werden, indem Räume übersichtlich untergliedert werden und Nischen zum Sitzen angeboten werden, die Zimmer mit warmen, wohnlichen Materialien ausgestattet sind oder dekoriert mit Sachen aus der Vergangenheit.

Sozialkontakte

Im fortgeschrittenen Krankheitsstadium suchen demenziell erkrankte Menschen häufiger Kontakt als andere Pflegeheimbewohner. Sie halten sich deshalb oft außerhalb des (privaten) Zimmers auf und nutzen die Gemeinschaftsflächen. Wohnküche, Wohnzimmer oder Gärten sind beliebte Orte, um am sozialen Leben teilzuhaben. Das Maß an gewünschtem Kontakt ist allerdings individuell sehr unterschiedlich. Beobachtungen zeigen, dass einige Bewohner sehr engen Kontakt, also auch Körperkontakt, suchen, während andere eher distanziert dabei sein möchten und sichere Zuschauerplätze aufsuchen. Daher sollten unterschiedliche Plätze zur Verfügung stehen, die eine selbstständige Regulierung von Nähe zulassen (Bank – Stuhl; Sitzen am Tisch – in einer Nische usw.).

Selbstbestimmung

Ebenso wie für uns ist es auch für Menschen mit Demenz wichtig, im Rahmen ihrer Möglichkeiten selbstständig und selbstbestimmt handeln zu können. Gerade im Privatbereich, im Wohnen, haben wir einen hohen Anspruch an Eigenbestimmung und möchten uns keine Vorschriften machen lassen. Der wichtigste Punkt ist hier die Bewegungsfreiheit: Für motorisch aktive Personen ist es von großer Bedeutung, die innere Unruhe durch Bewegung ausleben zu können. Umso wichtiger ist eine sichere Umwelt, in der sich die Bewohner alleine zurechtfinden und sich nicht schaden können. Endlos-Wanderwege, die Anregungen bieten durch Blickmöglichkeiten oder unterschiedliche Wandmaterialien, oder ein beschützter Garten, der eigenständig aufgesucht werden kann, bieten diese Möglichkeit. Dabei sollten die Orte vom Personal eingesehen werden können, weil sonst die individuelle Freiheit aus Angst vor Selbstgefährdung eingeschränkt werden könnte.

Die Wahl der Wege kann dabei geschickt beeinflusst werden: Geschlossene Türen in einer gleichfarbigen Wand werden weniger wahrgenommen als offene Türen, deren Rahmen farblich deutlich hervorsticht; breite, helle Wege laden zum Hineinlaufen ein.

Selbstbestimmung meint aber auch, im Prinzip alle Räume betreten zu können und alle Türen öffnen zu dürfen. Geschlossene Schränke oder Türen führen leicht zum hartnäckigen Rütteln an der Tür, was die Mitarbeiter ebenso belastet wie die Handelnden selbst. An den zentralen Plätzen sollten deshalb nach Möglichkeit alle gleichermaßen Zugang zu den Räumen und Schränken haben.

Vermeidung eines institutionellen Milieus

Weil Bewohnerinnen und Bewohner in der Einrichtung wohnen, sollten sie hier das Zuhause mit allen positiven Assoziationen so weit wie möglich wiederfinden. Wie oben bereits geschildert, sind bestimmte Nachteile einer institutionellen Unterbringung nicht aufzulösen. Umso wichtiger ist es, den bestehenden Spielraum voll auszuschöpfen. Äußere institutionelle Merkmale sollten vermieden werden. Das heißt zum Beispiel, kleinere Fenster einzubauen als sie in privaten Wohnungen üblich sind, statt Fensterbänder zu verwirklichen; das heißt, privat anmutendes Geschirr statt stapelbares zu wählen; das betrifft Lampen und Möbel ebenso wie die Dienstkleidung. Niemand von uns würde im eigenen Wohnzimmer Neonröhren in einer Reihe unter der Decke montieren, und eine Haushaltshilfe im Privathaushalt trägt üblicherweise Privatkleidung. Das betrifft außerdem die Möglichkeit, sich zurückziehen und allein sein zu können: Wesentliches Merkmal am Wohnen ist die Privatheitsregulation, also das eigene Entscheiden darüber, wann ich wen wo sehen möchte (SENNLAUB, 2005, 36ff). Diese Privatheitsregulation ist in einer Institution zwangsläufig eingeschränkt. Bei Menschen mit Demenz zeigen Beobachtungen, dass im Frühstadium der Krankheit das Bedürfnis nach Privatheit stärker ausgeprägt zu sein scheint als in späteren Stadien. Es werden deshalb im Frühstadium Einzelzimmer gewünscht, in die sich die Bewohner nach Bedarf zurückziehen können, während in späteren Stadien Gemeinschaftsräume als angenehmer empfunden werden. HELD und ERMINI-FÜNFSCHILLING (2004) empfehlen deshalb, zu Beginn der Demenz Einzelzimmer anzubieten, während zum Schluss Schlafkojen mit viel Kontakt zu anderen Menschen vorzuziehen seien.

Neben dem Vermeiden von äußeren institutionellen Gestaltungsmerkmalen und der Privatheitsregulation soll Bezug genommen werden auf die bisherigen Lebenszusammenhänge: Jeder Mensch hat eine eigene Geschichte, ist in einer bestimmten Zeit aufgewachsen und durch eine bestimmte Kultur geprägt. Diese Prägung findet sich üblicherweise in Wohnräumen wieder und gibt Orientierung und Halt im eigenen Leben. Deshalb sollte auch in einer Institution an die jeweiligen individuellen Lebenszusammenhänge angeknüpft werden. Das ist nicht einfach, denn jeder Mensch ist unterschiedlich: vielleicht aus unterschiedlichen Orten (ländlich, städtisch), aus unterschiedlichen Schichten (arm, reich) oder sogar aus unterschiedlichen Kulturen (Migrant, Deutsch). Die Mindestforderung liegt darin, eigene Möbel mitbringen zu können, was heute üblich geworden ist. Darüber hinaus sollten auch Wohnräume, die von allen genutzt werden, mit individuellen Dingen ausgestattet werden und sich an vertrauten Bildern orientieren. Da Menschen mit Demenz sich meist in ihrer Jugend- bzw. jungen Erwachsenenzeit wähnen, ist es hilfreich, Stücke aus dieser Zeit anzubieten. Anhaltspunkte können Befragungen mittels eines Biografiebogens geben, wie er für den Ernährungsbereich beispielsweise am Ende des Beitrags von Markus Biedermann zu finden ist.

4 Umsetzung der Gestaltungsanforderungen

Der Grundriss in Abbildung 2 skizziert ein mögliches Beispiel für eine Wohngruppe. Er ist fiktiv: Es existiert kein solcher Ort in der Wirklichkeit. Allerdings gibt es ähnliche Orte, die nach dem gleichen Prinzip konzipiert wurden, oder es gibt in verschiedenen Einrichtungen einzelne Elemente dieses Beispiels.

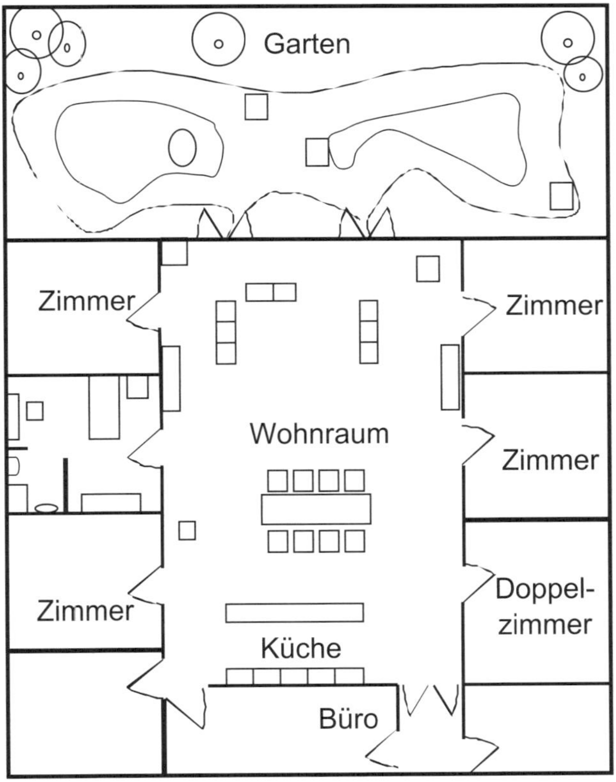

Abb. 2: Fiktives Grundrissbeispiel einer Wohngruppe nach dem Prinzip des „Totalen Überblicks". Quelle: eigene Zeichnung, in Anlehnung an HELD, ERMINI-FÜNFSCHILLING, 2004, 123 und 135. Es handelt sich um die Darstellung des Prinzips, die Zeichnung ist nicht maßstabsgerecht. Weitere Grundrissbeispiele finden sich u. a. bei HEEG, 1994, 2000, 2003 und HELD, ERMINI-FÜNFSCHILLING, 2004.

Der Grundriss ist nach dem Prinzip des „Totalen Überblicks" konzipiert.

Zentral liegt ein großzügiger Wohnraum. Es handelt sich um den Hauptaufenthaltsort der Bewohner. Dort gibt es eine Küchenzeile, an der die Mahlzeiten zubereitet werden; am offenen Tresen können die Bewohner zuschauen oder sich beteiligen. Der große Tisch – idealerweise zusammengestellt aus mehreren kleinen, stabilen Tischen – bietet Platz für alle, einzelne Stühle, Sessel und Bänke bieten weitere Aufenthaltsmöglichkeiten an. An einer Wand steht eine Kommode, deren Schubladen vielleicht leicht aufgezogen sind und die so zum Kramen einlädt; gegenüber ein Regal. Der Boden mag aus leicht marmoriertem, sandfarbenem Linoleum bestehen; auf dem Tisch liegt ein kleines Frühlingsgesteck, auf einem Beistelltisch vor der Tür und auf dem Tresen stehen rote Keramikteller mit grünen und gelben Apfel- und Bananenstücken. Vielleicht steht in einer Ecke ein Vogelbauer mit einem Pärchen Singvögel. Neben der natürlichen Beleuchtung durch die großen Fenster zum Garten hin gibt es indirekte Beleuchtung mit warmem, hellem Licht, ergänzt um Wandleuchten zwischen den Türen und einzelnen Lampen, die im Raum verteilt sind.

Sechs Bewohnerzimmer gruppieren sich an zwei Seiten des Wohnraums. Es kann sich dabei um Einzel- oder auch um Doppelzimmer handeln. Vom Bett aus können die Bewohner in den Wohnraum schauen, außerdem haben sie von dort aus einen freien Blick auf ihr WC mit einer farbigen Toilettenbrille. In den Zimmern sind private Möbel aufgestellt, ein privates Bild oder eine große Fotografie ziert die Wand. Die Türen zu den Privatzimmern sind idealer Weise individuell gestaltet und farblich deutlich abgehoben von der Wand.

Die dritte Seite des Wohnraumes ist begrenzt von den Arbeitsräumen und einem separaten Zimmer, in das sich Bewohner, Mitarbeiter und/oder Besuch bei Bedarf zurückziehen können. Die Tür auf dieser Seite ist „getarnt" durch gleiche Farbwahl von Tür und Wand.

Die vierte Seite führt in den Garten. Die Wand ist nicht bis auf den Boden verglast, sondern bietet eine halbhohe Brüstung. So begreifen die Bewohner, dass es sich um eine Wand und darin befindliche Öffnungen (Türen, Fenster) handelt. Zwei Türen führen in den Garten, der als Endlosweg angelegt ist und mehrere Sitzmöglichkeiten bietet. Hier duften vielleicht Kräuter oder Blumen, ein Apfelbaum zeigt die Jahreszeiten an, zwei Johannisbeerbüsche grenzen an die Wege. Ein kleiner Brunnen wirkt beruhigend, die Bäume und einige große, raue Steine bieten unterschiedliche haptische Eindrücke.

Die Wohngruppe ist wahrscheinlich Bestandteil eines größeren Heimes, das sich in einer Abteilung mit mehreren solcher Wohngruppen auf die Versorgung von demenzbetroffenen Menschen spezialisiert hat. Für mehrere dieser Gruppen wird in einem zentralen Raum ein so genanntes Erinnerungszimmer angeboten, das wie in der Jugend der Betroffenen eingerichtet ist. Die Erinnerungsstücke sind vielleicht von der Bevölkerung gespendet worden, ebenso wie die kleine Flasche Kölnisch Wasser, die auf dem Tisch steht, und eine Packung Katzenzungen.

Insgesamt bietet eine solche Umgebung wenig Überforderung, dennoch Reize, die ein Erleben möglich machen.

In Tabelle 2 (ab Seite 78) sind Empfehlungen für eine demenzgerechte Raumgestaltung aus unterschiedlichen Quellen zusammengefasst. Sie weisen sicherlich noch Lücken auf; entsprechend sind überall freie Felder gelassen, damit Nutzer eigene Erfahrungen leicht nachtragen können. So kann ein Sammelwerk entstehen, das als Informationsmedium dient und es einem Team ermöglicht, „am gleichen Strang" zu ziehen.

5 Fazit

Eine demenzgerechte Umwelt muss sozialen, organisatorischen und räumlichen Anforderungen gerecht werden, um den von der Krankheit Betroffenen so weit wie möglich ein würdiges, selbstständiges und anregendes Leben zu bieten. Der Beitrag fokussiert auf die räumlichen Anforderungen. Sowohl architektonisch als auch in der Gestaltung der Räume gibt es eine Reihe von Prinzipien, die beachtet werden sollten. Hauswirtschaftliche Fachkräfte tragen oft die Hauptverantwortung für die Ausgestaltung und werden darüber hinaus häufig in Entscheidungen bei Umbaumaßnahmen mit einbezogen. Sie sind von immenser Bedeutung, wenn es um die Schaffung eines demenzgerechten Milieus geht. Wünschenswert wäre es deshalb, dieser besonderen Aufgabe in Aus- und Weiterbildung stärker Rechnung zu tragen. Nur so wird für alle Beteiligten ein zufrieden stellendes Wohnen und Arbeiten von und mit Menschen mit Demenz gelingen können.

Kompensatorisches Milieu						
	Architektur	**Boden und Wände**	**Farbe**	**Möbel, Bilder usw.**	**Dekoration, Pflanzen und Technik**	**Licht und Beleuchtung**
Orientierung	übersichtliche Raumanordnung übersichtliche Wegeführung keine Sackgassen! keine Verzweigung der Wege **Raumanordnung** **„Totaler Überblick“** – Wohngruppe um einen gemeinsamen Aufenthaltsbereich **oder** **„Nachbarschaft“** – Privatzimmer entlang eines Flurs Lichteinfall aus allen Himmelsrichtungen ………	Vertraute Zeichen setzen durch einprägsame Objekte oder Szenarien unterschiedliche Bodenbeläge auf unterschiedlichen Flächen (Flure, Wohnzimmer, Küche absetzen) keine Kontraste auf dem Boden (erscheinen als Löcher, Barrieren) Bedeutung der Farben bedenken: Boden – erdfarben, Decke – himmelfarben ………	**Unterschiedliche Farben:** Türen in unterschiedlichen Farben, ebenso Flure Kontraste da, wo Wahrnehmung erwünscht ist (Privatzimmertüren, Geschirr, …); gleiche Farben dort, wo Wahrnehmung vermieden werden soll: z. B. Türen nach draußen, zu Funktionsräumen) Farben und Ort sinnvoll verbinden, zum Beispiel Boden/braun, grün ………	individuelle Möbel individuelle Gestaltung der Privatzimmertür (Strohkranz an Zimmertür bei Vorliebe für Blumen o. ä.) spezifische Gestaltung der Türen zu Funktionsräumen (Bild von Kochtopf an Küchentür o. ä.) eckige Tische statt runder („mein“ Platz abgrenzbar) deutlicher Kontrast zwischen Möbeln und Boden ………	Pflanzen, die die Jahreszeiten spiegeln (Obstbäume im Garten, blühende Pflanzen vor den Fenstern u. ä.) kleine, für die Jahreszeit typische Gestecke ………	Lichtführung zur Orientierung nutzen möglichst viel Tageslicht helle und schattenfreie Beleuchtung (ca. 500 Lux in Augenhöhe) innerhalb einer Wohngruppe möglichst alle vier Himmelsrichtungen/Tageszeiten erfahrbar machen deutlich unterschiedliche Lichtgestaltung in langen Fluren Nachtbeleuchtung in den Zimmern ………

Tab. 2: Empfehlungen für eine demenzgerechte Umweltgestaltung

Kompensatorisches Milieu

	Boden und Wände	**Farbe**	**Möbel, Bilder usw.**	**Licht und Beleuchtung**
Wahrnehmung	keine spiegelnden Flächen, keine glänzenden Böden ………	Nutzung von Kontrastfarben zum Herausheben von Einrichtungen, die genutzt werden sollen: ❖ Farben als Kontrast ❖ helle Farben ❖ satte Farben ❖ keine Pastelltöne ❖ ……… Nutzung ähnlicher/gleicher Farben zum Verwischen der Einrichtungen, die nicht genutzt werden sollen: ❖ beim Ausgang: Türen und Wand gleichfarbig ❖ ………	Spiegel im fortgeschrittenen Stadium der Demenz vermeiden (wird als fremde Person wahrgenommen Unsicherheit, Angst) deutlicher Kontrast zwischen Möbeln und Boden farbige Toilettenschüssel ………	möglichst viel Tageslicht helle und schattenfreie Beleuchtung (500 Lux) ………

Kompensatorisches Milieu

	Architektur	**Möbel, Bilder usw.**	**Licht und Beleuchtung**
Bewältigung komplexer Aufgaben	Sackgassen vermeiden Wegekreuzung oder Verzweigung vermeiden in unvermeidbaren Sackgassen: Anregung bieten – Vogelvoliere, Aquarium, Sitzgelegenheit, die den Blick auf den Flur zurücklenken ………	Kleiderschrank mit Kleidersortierung in der Reihenfolge des Anziehens, Kleider sichtbar aufbewahren (offene Schränke oder Schränke mit Glastüren) Glastüren in Schränken Sitzbänke und Stühle anstelle von tiefen Sofas und Sesseln ………	helle und schattenfreie Beleuchtung (500 Lux) blendfreies Licht indirektes Licht, Kombination aus indirektem Licht mit Wand-, Decken- und Tischleuchten ………

Therapeutisches Milieu

	Architektur	Boden und Wände	Farbe	Möbel, Bilder usw.	Dekoration, Pflanzen und Technik	Licht und Beleuchtung
Stimulation	keine großen, halligen Räume keine engen Räume schallschluckende Materialien „Fenster zur Welt" Wohnküche, in der die Bewohner mitarbeiten können gut einsehbarer Zugang in die Außenanlagen Garten, in dem die Bewohner sich beteiligen können (Unkraut jäten, Kräuter pflücken, Gartenstühle abwischen o. ä.) ………	Anzahl und Vielfalt von Reizen reduzieren: ❖ geräuschdämmende Materialien an Boden und Wänden ❖ keine Karos, Streifen oder wilden Muster auf Tapeten oder Wanddekoration Dennoch keine Reizarmut: ❖ sinnesanregende Oberflächen, z. B. unterschiedliche Wandgestaltung, optisch und haptisch (Samt, rauer Putz, Kork usw.) ❖ angenehme Akustik ❖ interessante Wegeführung (Rundlauf) mit unterschiedlichen Farben, Materialien, Geräuschen und Gerüchen	Anzahl und Vielfalt von Reizen reduzieren: ❖ keine unruhigen Muster ❖ satte Farben ❖ Kontraste ❖ ………	Anzahl und Vielfalt von Reizen reduzieren: ❖ nicht zu viele Gegenstände in den Räumen ❖ keine unruhigen Muster auf Wäsche, Teppichen oder Bildern ❖ ……… Reize, die anregen: ❖ wenig Standardmöblierung ❖ Vogelvoliere, Aquarium ❖ individuelle, biografiebezogene Gestaltung der Räume ❖ Glastüren in Schränken (mattes Glas, nicht spiegelnd) ❖ offene Regale, Türenschränke, Kommoden regen zum Räumen an, z. B. Kommode zum „Kramen"	Anzahl und Vielfalt von Reizen reduzieren: ❖ keine Streifen oder Karos auf Tischdecken, Gardinen usw. ❖ kein Lärm ❖ keine großen Gestecke ❖ ……… Reize bieten: ❖ jahreszeitlich typische Dekorationen (Blumensträuße, kleine Gestecke o. ä.) ❖ kleine, für die Jahreszeit typische Gestecke ❖ wohldosierte, angenehme Gerüche ❖ essbare Pflanzen (Kräuter, Obst usw.) ❖ leise Musik	möglichst viel Tageslicht helle und schattenfreie Beleuchtung (500 Lux) monotones Einheitslicht vermeiden Tageslicht oder tageslichtähnliche Lichtquellen nutzen Fenster mit niedriger Brüstung ………

Therapeutisches Milieu

	Boden und Wände	Möbel, Bilder usw.	Dekoration, Pflanzen und Technik
Stimulation	❖ natürliches Material verwenden bei Handläufen, Bodenbelägen, Fensterbänken (Boden z. B. Holz, Linoleum, Textilbelag; Wandtapete, Wandputz, Holzpaneele, Stoffe) ❖ wichtige Türen auffällig gestalten (selbstständiges Finden), unwichtige kaschieren ❖	❖ biografiebezogene Tätigkeiten fördern (Kochen, Wäsche, Blumenpflege) ❖ Sitznischen mit interessanten Ausblicken anbieten (Straße, Küchenbereich, Aktivitätsknoten) ❖ Ausblicke auch vom Sitzen/Liegen aus ❖ deutlich unterschiedliche Gestaltung von langen Fluren (Monotonie aufbrechen) ❖ gewohnte Möbel hervorheben, „in Szene setzen", z. B. Sessel einzeln stellen ❖ Bezug zur Jugendzeit der Bewohner ❖	❖ Dekoration an der Jugendzeit der Bewohner orientieren, nicht an modernen Sitten (z. B. keine Leuchtketten an Weihnachten; stattdessen alten Weihnachtsschmuck) ❖ gut sichtbare Uhren mit großen Zeigern aufstellen ❖ gut sichtbare Kalender aufhängen, in denen das tägliche Datum und der Wochentag markiert sind ❖ Schalen mit Obst (Kontrastfarben, z. B. roter Apfel in grüner Schale), Echtpflanzen (ungiftig), farbige Getränke in Gläsern ❖ biografiebezogene Accessoires. Nähecke mit Wolle zum Aufwickeln, Tücher zum Zusammenlegen, Karteikarten zum Sortieren usw. ❖ wenige große Bilder statt viele kleine ❖ deutliche, erkennbare Motive statt abstrakte Bilder oder sehr differenzierte, deckenhängende Mobiles mit vielen beweglichen Elementen vermeiden ❖ ....

Therapeutisches Milieu					
	Architektur	**Boden und Wände**	**Möbel, Bilder usw.**	**Dekoration, Pflanzen und Technik**	**Licht und Beleuchtung**
Sicherheit	ebenerdiger Grundriss keine frei zugänglichen Treppen Stolperschwellen vermeiden ………	rutschfeste Böden, matt und unpoliert Kontraste am Boden vermeiden große Muster am Boden vermeiden ………	nicht zu heißes Wasser aus dem Hahn (Heißwasserboiler niedrig einstellen o. ä.) gefährliche Gegenstände ab dem mittleren Demenzstadium entfernen (scharfe Messer, spitze Lampen, Glas) alle elektrischen Geräte sichern, z. B. Herde durch automatische Absperrventile, Zeitschaltuhren oder Gas- und Temperaturmelder sichern gefährliche Elektrogeräte (Bügeleisen) außerhalb der Reichweite der an Demenz Erkrankten aufbewahren Haushaltschemikalien unter Verschluss halten Papierkörbe durch Metalleimer ersetzen ………	keine giftigen Pflanzen keine spitzen und stacheligen Pflanzen ………	helle und schattenfreie Beleuchtung (500 Lux) blendfreies Licht Lichtkontraste dort, wo Orientierung nötig ist, z. B. Treppenstufen ………

Therapeutisches Milieu

	Architektur	Farbe	Möbel, Bilder usw.	Dekoration, Pflanzen und Technik	Licht und Beleuchtung
Geborgenheit	übersichtliche Gliederung der Räume kleine, übersichtliche Wohneinheiten Alkoven zum Sitzen Gliederung durch Raumteiler und Möbel Einsehbarkeit von möglichst viel Raum von der Zimmerschwelle aus ………	satte, warme Farben benutzen ………	Schutzecken anbieten: Nischen, Ohrensessel warme, wohnliche Materialien gewohnte Ordnung der Sachen Vertrautes aus der eigenen Biografie anbieten: Möbel, dezente, nur zeitweise eingesetzte Musik, dezente, nur zeitweise eingesetzte Gerüche ………	kleine, für die Jahreszeit typische Gestecke kleine Blumensträuße ………	möglichst viel Tageslicht Kombination aus indirekter Beleuchtung mit Wand-, Decken- und Tischleuchten ………

Therapeutisches Milieu

	Architektur	Möbel, Bilder usw.
Sozialkontakte	begrenzte Anzahl von Personen, mit denen die Bewohner in Kontakt kommen: kleine Wohngruppen bis zehn Personen ………	Kontaktmöglichkeiten anbieten: Bänke, Sofas einzeln stehende Sitzmöbel anbieten, die eine Beobachtung des Geschehens zulassen ………

Selbstbestimmung Selbstständigkeit	alle Merkmale der kompensatorischen Umwelt, weil sie Unterstützung im Nachlassen der kognitiven Fähigkeiten bietet alle Sicherheit gewährenden Maßnahmen, damit die Mitmenschen nicht einschränkend eingreifen (müssen) gute Einsehbarkeit der Räume durch das Personal

Vermeidung eines institutionellen Milieus				
Architektur	**Boden und Wände**	**Möbel, Bilder usw.**	**Dekoration, Pflanzen und Technik**	**Licht und Beleuchtung**
übersichtliche Raumstrukturen keine Fensterbänder kurze, übersichtliche Flure Verzweigung der Wege vermeiden Sitznischen schaffen Sackgassenflure durch Aufenthaltsqualität „aufpeppen" (z. B. Sitzgruppe am Ende des Flurs) (dezentrale) Wohngruppenräume statt zentraler, zu großer Säle keine halligen Räume gute Belüftung	keine spiegelnden Materialien (Hochglanz-PVC, Glastüren usw.)	Mehrfarbigkeit – Einfarbigkeit und blasse Farben vermeiden Kontraste schaffen	private Möbel so weit wie möglich nutzen Möbel wählen, die nicht nach „Heim" aussehen Vertrautes aus der eigenen Biografie anbieten keine überladenen Räume	ausreichend natürliche Beleuchtung, am besten Erfahrbarkeit der vier Himmelsrichtungen/Tageszeiten mit dem Tageslicht innerhalb einer Wohngruppe keine „Behördenlampen" ....

SENNLAUB, nach HEEG, 1994, 2000, 2003; HELD, ERMINI-FÜNFSCHILLING, 2004; RADZEY, 2002; AlzheimerForum, 2005; Bundesministerium für Gesundheit und Soziale Sicherung (2005), Bundesministerium für Gesundheit und Soziale Sicherung (2004)

Quellenverzeichnis

AlzheimerForum: *Anpassung an die Welt des Demenz-Kranken. Zusammengestellt von Dr. Dr. med. Herbert Mück und Horst Endreß (2. und wesentlich erweiterte Auflage, 8/1999) http://www.alzheimerforum.de/trickkst/anpassung.html, Stand 17.10.2005*

Bundesministerium für Gesundheit und Soziale Sicherung (Hrsg.): *Wenn das Gedächtnis nachlässt. Ratgeber für die häusliche Betreuung demenzkranker älterer Menschen. 2005*

Bundesministerium für Gesundheit und Soziale Sicherung (Hrsg.): *Planungshilfe. Verbesserung der Wohnatmosphäre im Heim unter besonderer Berücksichtigung der Bedürfnisse von Menschen mit Demenz. Workshop „Verbesserung der Wohnatmosphäre im Heim" am 25./26.06.2003. Kuratorium Deutsche Altershilfe KDA. Köln 2004*

Dörner, Klaus/Snethlage, Roger (Hrsg.): *Aufhebung der Heime: Auf dem Weg in eine heimlose Gesellschaft. 48. Gütersloher Fortbildungswoche 1996. Gütersloh 1997*

Goffman, Erving: *Asyle. Über die soziale Situation psychiatrischer Patienten und anderer Insassen. Frankfurt am Main 1977*

Heeg, Sybille: *Heimarchitektur und Lebensqualität – zur Notwendigkeit eines krankheitsangemessenen Milieus für verwirrte alte Menschen, in: Heeg, Sybille/Lind, Sven (Hrsg.): Gerontopsychiatrie in Einrichtungen der Altenhilfe. Versorgungsstrategien und bauliche Erfordernisse. Dokumentation einer Tagung in Weingarten vom 9. – 11. Juni 1992, 1994*

Heeg, Sybille: *Bauliches Milieu und Demenz, in: Wahl, Hans-Werner/Tesch-Römer, Clemens (Hrsg.): Angewandte Gerontologie in Schlüsselbegriffen, S. 233 – 241. Stuttgart 2000*

Heeg, Sybille: *Bau- und Innenraumgestaltung, in: Deutsche Alzheimer Gesellschaft e. V. (Hrsg.): Stationäre Versorgung von Alzheimer-Patienten. Leitfaden für den Umgang mit demenzkranken Menschen. Berlin 2003*

Held, Christoph; Ermini-Fünfschilling, Doris: *Das demenzgerechte Heim. Lebensraumgestaltung, Betreuung und Pflege für Menschen mit leichter, mittelschwerer und schwerer Alzheimerkrankheit. Basel u. a. 2004*

Radzey, Beate: *Pflegeheimkonzeption aus wohnökologischer Sicht – auf dem Weg zu mehr Wohnlichkeit, in: Haushalt und Bildung 2/2002, 25 – 34*

Sennlaub, Angelika: *Wohnen mit Commons zwischen Zumutung und Chance. Einflussfaktoren auf die Akzeptanz von Gemeinschaftsbesitz im Wohnalltag. München 2005*

Steiner, Dieter: *Auf dem Weg zu einer allgemeinen Humanökologie: Der kulturökologische Beitrag, in: Glaeser, Bernhard/Teherani-Krönner, Parto (Hrsg.): Humanökologie und Kulturökologie. Grundlagen, Ansätze, Praxis. S. 191 – 219. Opladen 1992*

Wahl, Hans-Werner: *Ergebnisse der ökogerontologischen Forschung, in: Wahl, Hans-Werner/Tesch-Römer, Clemens (Hrsg.): Angewandte Gerontologie in Schlüsselbegriffen, S. 203 – 208. Stuttgart 2000*

Markus Biedermann

Ernährung

1 Grundlagen

Essen ist mehr als Nahrungsaufnahme. Der Mensch muss essen und trinken, um am Leben zu bleiben, egal ob jung oder alt. Diese physiologische Notwendigkeit erklärt aber noch nicht wie, wann und warum gegessen und getrunken wird. Essen und Trinken sind mehr als die Befriedigung körperlicher Grundbedürfnisse. Den Stellenwert, den Essen und Trinken im Leben eines Menschen einnehmen, hängt von seinen Erfahrungen einerseits und seiner Lebensphase und -situation andererseits ab.

Essen und Trinken dienen – wie bereits gesagt – nicht nur der Ernährung. Das Essen erfüllt auch wichtige soziale und psychische Funktionen. So tragen Mahlzeiten wesentlich zum Zusammengehörigkeitsgefühl bei. Das Essen ist in vielen Familien nicht nur ein Anlass zusammenzukommen, sondern gleichzeitig Gelegenheit, sich auszutauschen und das Wichtigste vom Tage miteinander zu besprechen.

Mahlzeiten strukturieren des Weiteren die Zeit. Menschen entwickeln – sicherlich auch bedingt durch die beruflichen Vorgaben – einen bestimmten Rhythmus für ihre Ernährung. In diesem Sinne haben Mahlzeiten „Uhr-Funktionen".

Dann sind noch die unterschiedlichen Mahlzeiten an Werk- und Sonntagen zu erwähnen. Sonntags waren die Mahlzeiten reichlicher und festlicher und wurden oft mit einem Dessert gekrönt! In den Wochenendmahlzeiten spiegeln sich auch die saisonalen Zeiten deutlicher wider. Hierbei werden die Zusammenhänge von Jahreszeiten und bestimmten Lieblingsgerichten wie Spargel mit Schinken oder Grünkohl mit Wurst geprägt. Da alte Menschen die saisonale Verfügbarkeit von Produkten sehr intensiv erfahren haben, behalten diese Aspekte gerade für sie auch heute noch eine hohe Bedeutung.

Ein anderes Beispiel ist die Tradition, am Freitag fleischfrei zu essen. Als Ersatz nimmt man Fisch oder Ei. Auch diese Tradition schwindet immer mehr, wenn auch bei alten Menschen der Freitag immer noch als Fastentag angesehen wird.

Fast überall auf der Erde gilt das Anbieten von Essen und Trinken als Zeichen der Gastfreundschaft. Essen und Trinken gibt einem die Möglichkeit, Gastgeber zu sein und Gäste zu sich einzuladen. Etwas anzubieten, gehört zu unserer Kultur.

Des Weiteren ist die Symbolfunktion des Essens zu erwähnen: Eine Dame nach dem Theater zu einem Glas Rotwein einzuladen, hat wahrscheinlich nicht nur mit Durst zu tun. Auch die Quantität und Qualität eines Buffets ist weniger Ausdruck des vermuteten Hungers der Gäste, sie zeigen vielmehr symbolisch die Bedeutung des Anlasses, der Veranstaltung oder des Gastgebers.

Zusammenfassend bleibt festzustellen, dass sich in unserem Kulturkreis das Essen und Trinken über seinen Ernährungswert hinaus zu einem vielseitigen Kulturgut entwickelt haben. Das Essen erfüllt vielfältige soziale und psychische Funktionen. Die Themen, die sich um das Essen herum gesellen wie die Atmosphäre, das Ambiente oder der Service gewinnen immer mehr an Bedeutung. Essen und Trinken dienen nicht mehr vorrangig der Ernährung, sondern sind mehr und mehr Ausdruck von Erlebnis- und Lebensqualität.

2 Der individuelle Warenkorb

Jeder Mensch wird in seiner Kindheit bis zum zehnten Lebensjahr geprägt, auch, was sein individuelles Essverhalten angeht. Die Kochkünste der üblicherweise für die Ernährung zuständigen Mutter oder der mehr oder weniger oft zu Hilfe genommenen Lebensmittelindustrie prägen die Akzeptanz von Lebensmitteln und deren sensorischer Erscheinung, insbesondere von deren Optik (zum Beispiel Farbgebung), Geruch und Konsistenz, natürlich aber auch vom Geschmack und den Geschmacksverstärkern.

Dieser für die Individuen vertraute Warenkorb wird im Erwachsenenalter nur erweitert oder verändert, wenn man in einer Partnerschaft jemand anderes kennenlernt, mit dem man dann zusammen modifizierte Essgewohnheiten aufbaut. Oder man verändert seinen Lebensmittelpunkt in einen anderen Kulturkreis und übernimmt von dort bis dahin ungewohnte Lebensmittel und Zubereitungstechniken. Nie wird man aber vergessen, was man als Kind als Speise besonders geliebt (oder gehasst) hat, auch wenn man den Namen oder die Art der Zubereitung oder Zutaten vergessen hat und den Geruch und Geschmack nur unzureichend beschreiben kann.

Aus Erfahrungen weiß man, dass die kindliche Ernährungsprägung im Prinzip nur einen Warenkorb von 30 Basislebensmitteln umfasst, die durch Lebensbeziehungen ersetzt oder geringfügig ergänzt werden. Hier gilt es, bei der Verpflegung in Einrichtungen für alte Menschen, insbesondere für Menschen mit demenzieller Erkrankung, anzusetzen und dieses Lebensmittel individuell in Erfahrung zu bringen. Dies kann Basis für alltagsbezogene Biografiearbeit sein (siehe Fragebogen am Ende des Beitrags) und dazu beitragen, dass Menschen, die nicht mehr gerne essen möchten oder können, sich anhand von Lieblingsgerichten aus Kindertagen, durch Lebensmittel aus ihrem bekannten persönlichen Umfeld zum Essen „verführen" lassen. Darüber hinaus können Informationen über beliebte oder ungeliebte Lebensmittel anhand von direkt präsentierten Warenkörben (dazu kann man einfache Einkaufskörbe nehmen) gewonnen werden und Anlässe für Gespräche und Erfahrungsaustausch sein. Es wäre nicht das erste Mal, dass bei dieser Gelegenheit das anwesende Personal aus den Bereichen Betreuung und Therapie neue Erkenntnisse über Bewohnerinnen und Bewohner bzw. Patientinnen oder Patienten und Ansatzpunkte für individuelle Förderung gewinnen kann. Und gerne werden gerade ältere Frauen Rezepturen aus dem familieneigenen Schatz zum Ausprobieren dem Küchenpersonal der Einrichtung verraten.

3 Essen und Demenz

In frühen Phasen der Demenz sind die Betroffenen vor allem mit der Selbstversorgung überfordert, weil sie ihre Mahlzeiten ohne fremde Hilfe nicht mehr planen, einkaufen und zubereiten können. Viele Menschen ernähren sich deshalb schon lange vor Heimeintritt mangelhaft, daher ist Malnutrition mit tiefem Body-Mass-Index vor allem bei allein stehenden Demenzbetroffenen ein häufiger Eintrittsbefund.

Im weiteren Verlauf gesellen sich bald Schwierigkeiten bei der Speisenauswahl oder Speisenabfolge hinzu, was sich in einer Verunsicherung und Unruhe beim Essen äußert. Später kommen Schwierigkeiten im Umgang mit Besteck, Tassen und Gläsern hinzu, was bedeutet, dass besondere Anreize zum Essen und Trinken notwendig sind. Noch später ist das Essen geprägt von Schwierigkeiten mit Beißen, Kauen und Schlucken.

In allen diesen unterschiedlichen Demenzphasen muss der Ernährungsauftrag garantiert, aber auch ständig angepasst und relativiert werden.

Die Verpflegung demenzbetroffener Menschen soll entlang dem Schweregrad der Demenz gestaltet werden. Mit fortschreitender Demenz wird es für die Betroffenen schwieriger, Bewegungsabläufe zu koordinieren und ihre Muskulatur gezielt einzusetzen. Diese Apraxie genannte Störung behindert und verunmöglicht zunehmend den Umgang mit Besteck, zunächst mit dem Messer, dann mit der Gabel und zuletzt mit dem Löffel. Für die Verpflegung bedeutet dies, dass eine spezielle Zubereitung der Speisen nötig wird, so dass sie mit den Fingern verzehrt werden können.

Zur Erfassung dieses Schweregrades sowie zur Beobachtung demenziellen Essverhaltens stehen Beobachtungs- und Verlaufsinstrumente wie zum Beispiel die Blanford-Skala, der Body-Mass-Index, der Barthel-Index zur Bestimmung der Alltagskompetenz sowie der Minimentalstatus zur Bestimmung der geistigen Fähigkeiten zur Verfügung.

Demenzgerechtes Kochen ist interdisziplinär und setzt Informationen über die jeweils aktuellen Ressourcen des Bewohners voraus. Beim Eintrittsgespräch in eine stationäre Einrichtung muss ein Vertreter der Küche deshalb zur Erfassung der Essbiografie und der Essgewohnheiten anwesend sein.

4 Kochen für Menschen mit Demenz

Neben dem Setzen von Schlüsselreizen gehört die Berücksichtigung früheren Essverhaltens zum wichtigsten Stimulus für Appetit und Ernährung demenzbetroffener Bewohner. Viele heute gängige Mahlzeiten, Kostformen und Rituale verwirren die Demenzbetroffenen aber mehr als sie zu stimulieren, weil sie diese mit ihren früheren Esserfahrungen in keinen Zusammenhang bringen können. Essen sollte jedoch nicht Anstoß zu Fragen oder Grübeleien sein und zum Herumstochern oder Sortieren von Esskomponenten führen. Demenzbetroffene, welche ihre Kindheit in einer Mittel- und Unterschicht der Zwischenkriegsjahre erlebten, werden schon beim Anblick von weißen Tischtüchern oder von metallenen Esswagen mit großen Tabletts, von Tellerservice, Extrasalat oder ständigem Dessert stutzig. So was gab es bei ihnen zu Hause nie oder allenfalls an einem Sonntag! Aus ihrer Sicht herrschen darum „ewiger Sonntag" oder „ewige Ferien", was nicht selten zu Äußerungen führt wie „Zahlen bitte! Ich muss jetzt wieder arbeiten gehen." oder „Die Ferien waren schön, aber jetzt muss ich dieses Hotel wieder verlassen." etc.

Bereits das Anrichten auf großen Platten sowie das Schöpfen der Speise bedeuten Orientierung und Anregung zum Essen und generieren Kommunikation. Große Fleischstücke, Kartoffeln oder Karotten, welche zerkleinert und verteilt werden müssen, sind Schlüsselreize – und nicht fertig angerichtete Teller mit nicht essbaren Garnituren und Dekorationen. Zu vorbereitenden Essritualen gehören eventuell auch kurze Gebete.

Am verwirrendsten für die demenzbetroffenen Bewohner jedoch sind die Speisen selbst. Gerichte jener Generation kannten kein fremdländisches Gemüse wie Broccoli, von exotischen Früchten ganz zu schweigen. Dafür waren Brot, Kartoffeln, Teigwaren, Eintöpfe oder süßsaure Speisen wie Kartoffeln und Apfelmus, Suppenhühner und deftige Suppen Bestandteil der täglichen Küche. Rohkost und halbgegartes Gemüse, ein heutiger Küchenstandard, müssen demenzbetroffenen Essern als unfertig gekochte Speise erscheinen, auf die man vorsichtigerweise lieber verzichtet, während Büchsengemüse wie Bohnen und Schwarzwurzeln oder eingemachte Aprikosen und Büchsenfruchtsalat wohlerinnerte Nahrungsmittel sind. Aufläufe verwirren durch nicht identifizierbare Komponenten und Konsistenz, auch wenn den Bewohnerinnen und Bewohnern „mitgeteilt" wird, woraus ein Auflauf besteht. Italienische, chinesische und indische Gerichte sind ein fester Bestand heutiger Heimverpflegung und befremden die demenzbetroffenen Bewohner oft zutiefst. Fertiggerichte, wie sie in Demenzwohngruppen nicht selten verwendet werden, sind nicht nur verwirrend, sondern tragen auch gar nichts zum gemeinsamen Kocherlebnis bei.

Auch eine demenzorientierte Getränkepalette muss erweitert werden und weit über Eistee, Mineralwasser oder Coca Cola hinausgehen. Most verschiedener Obstarten, frische

Fruchtsäfte aus Beeren, Holunder und Trauben sowie Kakao spielen für Duft und Geschmack eine wesentliche Rolle, und nicht Orangen-, Kiwi- oder Grapefruitsaft.

Den demenzbetroffenen Bewohnern eines Alters- und Pflegeheimes wurden zum Test Ravioli serviert. Bei der ersten Gruppe wurden frische Ravioli kunstvoll mit hauchdünnem Teig, frischer Fleischfüllung und italienischem Pecorinokäse zubereitet. Der zweiten Gruppe hingegen wurden Büchsenravioli mit bekannt „kerniger" Fleischkonsistenz und fader Tomatensauce vorgesetzt. Der Erfolg des biografisch erinnerten Gerichts war überwältigend: Nicht nur wurde die dreifache Menge verzehrt, sondern man bedankte sich, fragte nach dem „neuen" Koch und lobte ihn ausgiebig.

4.1 Front Cooking

Um Kochen für demenzbetroffene Bewohner erlebbar zu machen, hat sich in Schottland (im Oberaargauischen Pflegeheim in Wiedlisbach, Schweiz, schon seit 1988) das *„Front Cooking"* auf demenzgerechten Abteilungen sehr bewährt. *Front Cooking* bedeutet, dass entweder die Betreuer oder der Koch auf der Abteilung vor den Augen der Bewohner kocht, eine vorbereitete Speise zu Ende kocht oder zumindest durch spezifische Kochhandlungen wie das erwähnte Zwiebelanbraten mit Düften stimuliert. Je nach Schweregrad der Demenz empfehlen sich unterschiedliche Arten von *Front Cooking*.

Düfte von Tee, Kaffee, Kakao, gebackenem Brot oder Kuchen können leicht von den Betreuenden selbst auf allen Abteilungen verbreitet werden. In den Wohngemeinschaften gehört das gemeinsame Kochen ohnehin zum Programm und wird in der Regel von den Betreuerinnen gestaltet. Aber auch bei fortgeschrittener Demenz lieben es die Betroffenen, „dabei" zu sein, zu schnuppern und den Kochvorgang zu betrachten. *Sundowning*, das heißt unruhiges Wandern der Betroffenen gegen Abend, kann zum Beispiel durch *Front Cooking* sehr erfolgreich verhindert werden, weil nun alle Bewohner auf das Essen warten und gebannt dem Kochenden zugucken. In einigen schottischen Heimen hat sich deshalb eine Art Küchenkiosk mit allen modernen Apparaturen auf kleinstem Raum sehr bewährt, welcher durch einen Rolladen geschlossen werden kann. Der Koch erscheint am Mittag und Abend mit teilweise vorbereitetem Essen, teilweise auch nur den rohen Zutaten und kocht, richtet an, serviert und räumt die Küche auch wieder auf, bevor er den Rolladen herunterzieht. Beeindruckend ist, dass auch schwerer demenzbetroffene Bewohner den Koch auf mitgebrachte Lebensmittel ansprechen und sich ins Kochgeschehen einmischen.

4.2 Fingerfood

Fingerfood wird inzwischen in zahlreichen demenzgerechten Heimen angeboten, und es wurden darüber viele Bücher wurden geschrieben, in denen mehr oder weniger originelle Fingerfood-Rezepte unter Berücksichtigung von Nährwert, Farbe, Aussehen, Duft und Geschmack angegeben werden. Fingerfood bei Demenzbetroffenen ist jedoch nicht unproblematisch. Der oft zitierte interkulturelle Vergleich mit natürlicherweise von Hand essenden Völkern hinkt insofern, als deren Essgewohnheiten eine differenzierte Motorik voraussetzen. In Indien zum Beispiel wird ausschließlich mit der rechten Hand gegessen, wobei bestimmte Speisen sehr geschickt aufgeladen oder aufgetunkt werden müssen – Fähigkeiten, über welche der demenzbetroffene Bewohner eben gerade nicht mehr verfügt. Fingerfood muss deshalb in Größe, Konsistenz und Qualität der Hand des Bewohners angepasst werden. Die Häppchen dürfen nicht zu groß, nicht zu heiß, nicht zu klebrig, nicht zu weich, nicht zu hart oder zu brüchig zubereitet werden. In unserem kollektiven Bewusstsein gilt außerdem Essen von Hand als unzivilisiert, weshalb demenzbetroffene Bewohner oft Fingerfood verweigern, weil sie sich schämen, etwas „Verbotenes" zu tun. In solchen Phasen muss dann individuell abgewogen werden, ob das Eingeben mit Besteck für den Demenzbetroffenen nicht viel weniger belastend ist.

Trotz optimaler Milieugestaltung, demenzgerechtem Essen und Fingerfood fällt es vielen Demenzbetroffenen schwer, für eine Mahlzeit am Tisch sitzen zu bleiben. Bewährt haben sich für diese Bewohner die Errichtung kleiner „Imbissstellen" im Gang oder im Garten mit kleinen Häppchen auf großen Platten. Zu solch „fliegender" Verpflegung eignen sich Speisen, welche den Betroffenen an Reiseproviant in der Schule oder beim Militär erinnern, zum Beispiel Landjäger, Käsestücke, Studentenfutter, Schokoriegel und Trockenfrüchte, Bananen und Kekse. Aus hygienischen Gründen müssen solche Stationen gut überwacht und mehrmals am Tag aufgefrischt werden.

4.3 Kostformen

Weil schwerst demente Menschen mehrmals und nicht unbedingt zu den „Essenszeiten" Hunger verspüren, müssen entsprechende Kostformen jederzeit vorhanden sein, was bedeutet, dass sie vorbereitet, gekühlt und schonend regeneriert und eventuell mit Zusätzen versehen werden müssen. Grundsätzlich gilt dennoch auch für die Verpflegung von dementen Menschen, dass ihre Mahlzeiten möglichst zeitnah und frisch zubereitet werden sollten.

Deshalb ist es wichtig, unterschiedliche Kostformen des gleichen Gerichts bereitzuhalten. Diese reichen von normal und grob gewürfelt über Fingerfood bis fein geschnitten, passiert/püriert und flüssig. Bei einem Standardmenü, welches aus Hafercremesuppe, Schweinsbraten nach Großmutter-Art (mit Brotcroûtons und Champignons), Kartoffelpüree und glasierten Karotten besteht, bedeutet dies für einen Koch, mehrere Kostformvarianten für Bewohnerinnen und Bewohner anzubieten. Die Fingerfoodvariante wird zum Beispiel aus Hafersuppe in der Tasse, Schweinsbraten, in Würfel oder Stäbchen geschnitten, Kartoffeltalern und glasierten Karottenstäbchen (mit dem Bundmesser geschnitten) bestehen. Die pürierte Variante nimmt nicht nur auf verschiedene Konsistenz Rücksicht (so dass nicht alles breiig ist), sondern auch auf Farbe und Dekoration, welche vielleicht weniger von den Demenzbetroffenen, sondern von Angehörigen oder Personal wahrgenommen werden, aber auch aufzeigt, dass der Koch ein Profi ist und seine Fachlichkeit auch auslebt.

Die passierte Kost ist eine weitere, verfeinerte Entwicklung der pürierten Kostform. In dieser Kostform gibt es keine Krümelchen mehr, weil sie durch ein Sieb passiert wurde. Verdünnt wird diese Kostform in einem weiteren Stadium als flüssige Kostform angeboten. Zu diesen verschiedenen Kostformen kommen „Extralinien" oder süß pürierte Kost wie Brei oder Kompotte hinzu. Pürierte, passierte Kostformen sind anfällig in Bezug auf Aussehen, Duft, Geschmack und Nährwert und stellen eine spezielle Herausforderung an den Koch dar. Einfach zusammengeschüttete Tagesreste zu pürieren, wie dies leider häufig durchgeführt wird, entspricht sicher nicht demenzgerechter Verpflegung.

Bei sehr fortgeschrittener Demenz kann es aber zum Beispiel auch nicht mehr darum gehen, möglichst viel gesunde

Rohkost zu essen, wie ein moderner Ernährungsauftrag dies fordert. Aber man kann zum Beispiel das Gemüse auch als Saft anbieten.

4.4 Essen als basale Stimulation

Unter Essen als basale Stimulation versteht man das Kochen von kleinen Gerichten unmittelbar am Bett der pflegebedürftigen Heimbewohner. Es werden Lebensmittel verwendet, die biografischen Erinnerungswert haben könnten wie Speck, Zwiebeln, Kartoffeln, Butter und Ähnliches.

Ziel von Essen als basaler Stimulation ist es, mit dem Zubereiten von kleinen Gerichten am Bett und den damit verbundenen Düften Bewohnerinnen und Bewohner zu Lust am Essen zu verführen. Der Appetit und die entsprechenden Verdauungssäfte sollen angeregt werden, da sich elementare Bedürfnisse wie Hunger und Durst im Demenzverlauf dramatisch verändern.

Essen als basale Stimulation wird deshalb am besten angewandt bei Menschen, die keinen Appetit mehr verspüren oder keine unmittelbaren Schlüsselreize wie Hunger und Durst empfinden. Dabei geht es nicht um die verzehrte Menge oder die Inhaltsstoffe, sondern das Kochen am Bett hat nur Verführungszweck und soll generell zum Essen stimulieren, indem ätherische Düfte die Bettlägerigen erreichen.

Die Bedürfnisse nach Essen und Trinken melden sich nicht mehr einfach von selbst, sondern müssen immer wieder neu geweckt werden durch so genannte Schlüsselreize wie Düfte, Geschmacksreizungen, Rituale, Geräusche und Klänge wie zum Beispiel das Klappern von Geschirr, wobei ausschließlich Porzellan „wie früher" klappert und nicht Geschirr oder Becher aus Plastik. Der Geruch von Kaffee oder verschiedenen Teesorten, von gebackenem Brot oder Kuchen, von angebratenen Zwiebeln oder karamellisiertem Zucker führt nicht nur zu einer heftigen Stimulation von Appetit und Durst, sondern auch zu erhöhter Aufmerksamkeit und Ansprechbarkeit der Betroffenen.

Die kleinen zubereiteten Portionen beim Essen als basale Stimulation sollten trotzdem einen hohen ernährungsphysiologischen Wert haben und unmittelbar nach Fertigstellung serviert bzw. gereicht werden.

Der Koch als Demenzexperte in einem demenzgerechten Heim leitet die Betreuenden zum Kochen an, welche diesen Beruf ja nicht gelernt haben. Holländische Heime sind bereits dazu übergegangen, die gesamte Verpflegung mit entsprechend geschulten Hausfrauen und Wiedereinsteigerinnen zu gestalten. Zur Kochschule gehören neben dem eigentlichen Kochen insbesondere Kurse in basaler Stimulation, Fingerfoodzubereitung, Ernährungsphysiologie und Hauswirtschaft.

Für die Ernährung und Verpflegung im Heim bedeutet das,

- sich der Bedeutung der Mahlzeiten im Heimalltag bewusst zu werden und das „Expertenwissen" der Bewohner zu nutzen,
- den Bewohnerinnen und Bewohnern und ihrer Lebenserfahrung mit Respekt zu begegnen,
- kreativ und phantasievoll vielfältige Mitwirkungsmöglichkeiten in allen Küchenfragen für die Heimbewohner zu schaffen,
- Abwechslung durch kulinarische Höhepunkte für den Tag, für die Woche, für den Monat und für das Jahr zu schaffen,
- den Dialog mit den Heimbewohnern zu suchen, um ihre Gewohnheiten und Vorlieben herauszufinden und diese in ihrem Verpflegungskonzept widerspiegeln zu lassen,
- alles zu unterlassen, was im Bewohner das Gefühl der Abhängigkeit verstärken könnte,
- Heimbewohnern Möglichkeiten anzubieten, wieder Gastgeber sein zu können,
- der natürlichen Verbindung von Essen, Lust und Nähe Ausdruck zu geben,
- mit dem Essen genussvolle Erlebnisqualitäten zu ermöglichen,
- Engagement zu entfalten und Veranstaltungen, Aktionen und Projekte über die normale Tagesverpflegung hinaus zu kreieren,
- den Willen bzw. den mutmaßlichen Willen der Bewohner zu achten,
- den Bewohner als einen wertvollen und liebenswerten Menschen zu sehen, der alt ist – also eine lange Vergangenheit hinter und eine begrenzte Zukunft vor sich hat –, der aber prinzipiell die gleichen Bedürfnisse wie jüngere

Menschen hat; für sein Leben selbstverantwortlich ist und im Rahmen seiner Möglichkeiten in die Belange, die ihn betreffen, einzubeziehen ist,
- Arbeitsformen zu entwickeln, die den Teamgeist stärken und beflügeln.

Quellenverzeichnis

Biedermann, Markus: *Einführung in die Gerontologie – eine theoretische und praktische Grundlage für Heimköche. Diplomarbeit. Bern 2003*
Biedermann, Markus: *Essen als basale Stimulation. 2. überarb. Aufl. Hannover 2005*
Biedermann, Markus: *Der Heimkoch. Hannover 2005*

Essbiografie

Wie erläutert, soll neben den persönlichen Fragen an die Bewohnerinnen und Bewohner beim Heimeintritt auch der Aspekt der bisherigen Ernährung besonders betrachtet werden. Der nachfolgende Fragenkatalog mag hierfür eine Hilfe sein:

1. Wo haben Sie Ihre Kindheit verbracht (Stadt/Land/Region)?
2. Sind Sie in einer Großfamilie oder einer Kleinfamilie aufgewachsen?
3. Haben Sie in der Familie gemeinsam gefrühstückt?
4. Haben Sie gemeinsam das Mittagessen eingenommen?
5. Haben Sie gemeinsam zu Abend gegessen?
6. Gab es besondere Frühstücke?
7. Was wurde während der Woche als Frühstück gereicht?
8. Wurde am Sonntag etwas Spezielles zum Frühstück angeboten?
9. Gab es ein besonderes Mittagessen während der Woche?
10. Was wurde an Sonntagen meistens zum Mittagessen gekocht?
11. Was wurde am Abend während der Woche gegessen?
12. Gab es ein besonderes Abendessen am Sonntag?

Gibt es besondere Essenstraditionen, an die Sie sich erinnern?

13. Was wurde zum Beispiel an Ostern gegessen?
14. Welche traditionellen Gerichte wurden zum Beispiel an Heiligabend gegessen?

15. Gab es an Weihnachten „das Familiengericht“?
16. Welche traditionellen Gerichte wurden an Silvester serviert?
17. Gibt es diese Gerichte nun auch bei Ihren Kindern?
18. Was war als Kind Ihr Lieblingsessen?
19. Gab es ein Geburtstagsdessert?
20. Welches Lieblingsessen haben Sie heute?
21. Gab es Getränke zum Mittagessen?
22. Welche Getränke wurden während Ihrer Kindheit zum Essen serviert?
23. Gab es täglich ein Dessert?
24. Gab es nach dem Mittagessen Kaffee?

Atmosphäre um den Tisch

25. Wurde der Tisch zum Frühstück speziell aufgedeckt?
26. Um welche Zeit wurde gefrühstückt?
27. Wurde für die Kinder ein spezielles Frühstück angeboten?
28. Wurde der Mittagstisch im Alltag speziell aufgedeckt?
29. War im Alltag ein Tischtuch auf dem Tisch?
30. Wurde an Sonn- und Feiertagen speziell aufgedeckt?
31. Um welche Zeit wurde das Mittagessen eingenommen?
32. Wurde Radio dazu gehört oder Fernsehen geschaut?
33. Wurde während des Essens gesprochen?
34. Wie wurde das Mittagessen gereicht?
35. Gab es verschiedene Teller?
36. Wann wurde das Abendessen eingenommen?
37. Gab es warmes oder kaltes Abendessen?
38. An welches Abendessen mögen Sie sich noch erinnern?
39. Welches Abendessen mochten Sie besonders?
40. Welches weniger?
41. Gab es besondere Abendessen?
42. An welche speziell schöne Atmosphäre am Tisch können Sie sich noch erinnern?
43. Haben sie auch schreckliche Erinnerungen rund um das Essen?

Martina Feulner

Reinigung

1 Funktion

Wie alle Aufgaben der Daseinsvorsorge wird durch die Art und Weise der Reinigung das Wohlbefinden der Bewohnerinnen und Bewohner unmittelbar beeinflusst. In der Planung und Umsetzung des Reinigungskonzeptes besteht die Aufgabe darin, bei der Formulierung der Sauberkeitsanforderungen und der Umsetzung der Hygienevorschriften immer im Blick zu haben, dass es um eine Aufgabe geht, die in den Alltag des Wohnbereichs eingreift. Das Hauptziel der Reinigung ist die Gestaltung einer wohnlichen, angenehmen und anregenden Atmosphäre (HELD, ERMINI-FÜNFSCHILLING, 2004, S. 81).

Die Reinigung und Pflege der Räume, Ausstattungs- und Einrichtungsgegenstände erfüllt ein Vielzahl von Funktionen:

- Beitrag zum Wohlbefinden der Bewohnerinnen und Bewohner.
- Unterstützung der Gesundheit durch Schaffung eines Raumklimas, in dem die Verbreitung von krankmachenden Keimen unterbunden wird.
- Gefühl der Sicherheit, wenn Böden sachgerecht gepflegt werden (Vermeidung nasser Flächen, spiegelnder Oberflächen, polierter Bodenbeläge).
- Werterhaltung der Gebäude und Einrichtungsgegenstände durch sachgerechte Reinigung und Pflege.
- Beseitigung von Schmutz, um eine saubere Umgebung zu erhalten.

Dies wird nicht nur mit einer objektiven Sauberkeit und durch den Einsatz effektiver Reinigungstechnologie erreicht. In Einrichtungen wie Hausgemeinschaften und Wohngruppen sind an erster Stelle die Personen zu sehen, die für die Reinigung zuständig sind. Sympathie und gegenseitige Wertschätzung sind die Grundlage für die Zusammenarbeit. Bei der Betrachtung der Reinigung ist es wichtig im Blick zu haben, dass sie zum Teil in der direkten Privatsphäre der Bewohnerinnen und Bewohner stattfindet. Dem ist in der Planung und Durchführung Rechnung zu tragen.

Wie alle Mitarbeiter werden die für die Reinigung zuständigen Personen mit dem Verhalten der Bewohner konfrontiert. Sie stehen vor der Aufgabe, angemessen zu reagieren, wenn Bewohner mit einer demenziellen Erkrankung die Situation nicht mehr erfassen und sie alles andere als freundlich aus der Wohnung bzw. dem Zimmer weisen.

Im Sinne der Beteiligung an den Aufgaben der Reinigung ist eine gute Beobachtung und Wahrnehmung der Bewohner wichtig, um die geeigneten Arbeiten und Verantwortungsbereiche ausfindig zu machen.

2 Grundregeln für die Reinigung

Die fachlichen Anforderungen an die Hausreinigung in Hausgemeinschaften und Wohngruppen decken sich in ihren Grundlagen mit den Anforderungen, wie sie im Sinne einer bewohnerorientierten Reinigung in der Hauswirtschaft entwickelt wurden. Als Beispiel ist hier ein Auszug aus dem Handbuch zur Qualitätssicherung in stationären Einrichtungen der Altenhilfe gewählt, wie es eine Gruppe von hauswirtschaftlichen Leistungsverantwortlichen in Hessen 1995 erarbeitet hat:

- Das Zimmer ist die Privatsphäre der Bewohnerin/des Bewohners.
- Vor dem Eintreten immer anklopfen und gegebenenfalls die Antwort der Bewohnerin/des Bewohners abwarten.
- Die Arbeitsvorhaben sind immer zu erläutern, auch in den halböffentlichen und öffentlichen Bereichen der Einrichtung.
- Wünsche der Bewohnerin/des Bewohners sind so weit wie möglich zu berücksichtigen.
- Reinigungsarbeiten sind zu unterbrechen, wenn Pflegearbeiten notwendig werden.
- Der Umgang mit verwirrten Bewohnern muss für die Mitarbeiterinnen in der Hausreinigung fachlich begleitet werden (zum Beispiel betriebsinterne Fortbildung, Erläuterungen zum Verhalten verwirrter Bewohner).

- Für Problemsituationen zwischen Bewohnern und Reinigungspersonal ist ein angemessenes Reagieren zu vermitteln.
- Unfallgefahren für die Bewohnerin/den Bewohner sind zu vermeiden.
- Beobachtungen im Bewohnerzimmer weitergeben.
- Für die Reinigungsarbeiten stehen Reinigungsmaschinen und -geräte in ausreichender Anzahl zur Verfügung.
- Die verwendeten Reinigungs- und Pflegemittel sind im Hinblick auf den Reinigungsbereich ausgewählt. Sie sind möglichst wenig umweltbelastend.
- Bei den Reinigungsarbeiten werden rationelle Arbeitsmethoden und -verfahren angewendet.

3 Festlegungen

Für die ordnungsgemäße Abwicklung und Abrechnung der Dienstleistung Reinigung sind formale Vorgaben unerlässlich. Hierzu gehören:

- Leistungsverzeichnis für alle Räume der Einrichtung.
- Reinigungs- und Hygieneplan mit Festlegung für
  - Reinigungsreviere,
  - Reinigungshäufigkeiten,
  - evtl. Reinigungszeiten,
  - Reinigungs- und Pflegeverfahren,
  - Reinigungs- und Pflegemittel,
  - Reinigungsgeräte und -maschinen,
  - Farbsystem der Reinigungstücher für die verschiedenen Bereiche.
- Information über Reinigungs- und Pflegearbeiten für alle Mitarbeitergruppen (evtl. in Anlehnung an oder Ableitung von Reinigungs- und Hygieneplan).
- Bewohnerinformation zu den im Haus durchgeführten Reinigungs- und Pflegearbeiten.

4 Qualitätssicherung

Qualitätssicherung ist heute in allen Bereichen personenorientierter Dienstleistung unerlässlich. Sie sichert über eine bloße Qualitätskontrolle hinaus standardisierte Prozesse und Ergebnisse und bietet die Möglichkeit zur Qualitätsentwicklung. Verschiedene Instrumente erleichtern die Qualitätssicherung auch im Reinigungsbereich. Dazu gehören unter anderem:

- Befragung der Bewohnerinnen und Bewohner bzw. Beobachtung, wie sie auf die Reinigungsarbeiten reagieren,
- Befragung der Angehörigen,
- Befragung der Mitarbeiterinnen und Mitarbeiter,
- Checklisten für die Endkontrolle durch das Reinigungspersonal,
- regelmäßige Kontrolle durch die Leitungsverantwortlichen für die Hausreinigung.

Anforderungen an die Reinigung im Sinne der Infektionsprävention sind 2005 in einer Empfehlung des Robert-Koch-Instituts für Heime zusammengefasst veröffentlicht worden (siehe Quellenverzeichnis).

Quellenverzeichnis

Arbeiterwohlfahrt Hessen Süd, Caritasverband für die Diözese Limburg, Caritasverband für die Diözese Mainz, Diakonisches Werk in Hessen und Nassau, Evangelischer Fachverband für Kranken- und Sozialpflege: *Handbuch zur Qualitätssicherung in stationären Einrichtungen der Altenhilfe. Diakonisches Werk in Hessen und Nassau, Loseblattsammlung, Grundwerk. Frankfurt 1995*

Bundesministerium für Gesundheit und soziale Sicherung/Kuratorium Deutsche Altershilfe (KDA) (Hrsg.): *Hausgemeinschaftsküchen. Köln 2004*

Deutsche Expertengruppe Dementenbetreuung e. V.: *Die Ernährung Demenzkranker in stationären Einrichtungen. Praktische Erfahrungen und Empfehlungen aus der Milieutherapie. Kapitel Hygienestandards. Rieseby 2005*

Diakonisches Werk Württemberg e. V. (Hrsg.): *Professionelles Reinigungsmanagement. Ein Beitrag zur Qualitätssicherung. Arbeitshilfe zur Organisationsoptimierung der Eigenreinigung und der Fremdvergabe. Diakonisches Werk Württemberg e.V. Stuttgart 2003*

Held, Christoph/Ermini-Fünfschilling, Doris: *Das demenzgerechte Heim. Lebensraumgestaltung, Betreuung und Pflege für Menschen mit leichter, mittelschwerer und schwerer Alzheimerkrankheit. Basel 2004*

Infektionsprävention in Heimen. Empfehlungen der Kommission für Krankenhaushygiene und Infektionsprävention beim Robert-Koch-Institut, *in: Gesundheitsblatt – Gesundheitsforschung – Gesundheitsschutz 2005 48: S. 1061 – 1080. www.rki.de*

Ulrike Grünig

Wäschepflege

Unterschiedliche Formen der Wäscheversorgung gehen mit verschiedenen Anforderungen an die Wäschepflege einher. Eine Einrichtung muss sich für eine Wäschepflegestruktur entscheiden und zwischen Wäschepflegevarianten auswählen. Dies hat Konsequenzen für die Arbeitsorganisation und für die zu betreuenden Menschen mit Demenz.

1 Wäscheversorgung

Bei der Wäscheversorgung wird unterschieden zwischen Bewohnerwäsche sowie Pflege- und Objektwäsche, Arbeitskleidung der Mitarbeiter und Reinigungstextilien. Es ist festzulegen, welche Wäsche Bewohnerinnen und Bewohnern zur Verfügung gestellt wird. Daraus resultierend ist der Bedarf zu ermitteln.

Für den Bereich Wäscheversorgung müssen Ziele beschrieben und ein Leistungsangebot erstellt werden (BEUTING-LAMPE et al., 2004, S. 195).

Wird Wäsche durch eine Einrichtung angeschafft, gibt es die Möglichkeit, die Wäschepflege in der Einrichtung selbst durchzuführen, wobei Personal-, Kapital- und Betriebskosten berücksichtigt werden müssen (vergl. Abb. 1).

Eigene einrichtungsinterne Wäsche	Einrichtungsinterne Wäschepflege
Bewohnerwäsche	Einrichtungsinterne Wäschepflege

Abb. 1

Eine andere Möglichkeit ist, Wäsche zu kaufen und die Wäschepflege an eine Fremdfirma zu vergeben. Ebenso ist es denkbar, Wäsche zu leasen. Bei Engpässen ist auch eine Kurzleihe von Wäsche möglich (vergl. Abb. 2).

Bewohnerwäsche	Wäschepflege in Fremdfirma
Eigene einrichtungsinterne Wäsche	Wäschepflege in Fremdfirma
Fremde Wäsche leasen	Wäschepflege in Fremdfirma
Kurzleihe von Wäsche	

Abb. 2: Organisation der Wäschepflege

Nach einem standardisierten Kostenvergleich dieser Varianten ist zu entscheiden, ob eine Wäscheversorgung einrichtungsintern oder extern geregelt wird. Ziel ist es, immer ausreichend Wäsche zur Verfügung zu haben. Bei der Wäschepflege sind Gesetze, Verordnungen, Normen und Richtlinien zu beachten, auf die hier nicht näher eingegangen wird.

Man unterscheidet bei der benötigten Wäschepflege zwischen Flach-, Form- und Trockenwäsche. Zur Flachwäsche gehören Mangelwäsche, Tischdecken, Handtücher und Bettwäsche. Als Formwäsche wird Bekleidung und Leibwäsche bezeichnet. Zur Trockenwäsche zählt Wäsche, die gereinigt werden muss. Diese Einteilung zeigt auch Abbildung 3.

Abb. 3: Einteilung nach Art der Wäsche

Flachwäsche	**Formwäsche**	**Trockenwäsche**
Mangelwäsche, Tischdecken, Handtücher, Bettwäsche	Bekleidung, Leibwäsche	für die Reinigung

2 Wäschepflegeanforderungen

Die Anforderungen an Wäsche sind verschiedenster Art. Sie müssen sowohl Hygienerichtlinien, die rechtlichen Vorgaben als auch Erwartungen von Bewohnerinnen und Bewohnern und ebenso die Qualitätsrichtlinien einer Einrichtung erfüllen.

Es muss ausreichend Wäsche im Umlauf sein, um Engpässe zu vermeiden. Dabei ist zu bedenken, dass es beim Wäschewechsel kürzere Intervalle gibt, wenn der **Verschmutzungsgrad** hoch ist. Demzufolge wird mehr Wäsche benötigt.

Die Kennzeichnung der Wäsche muss gewährleistet sein, damit Bewohner ihre eigene Wäsche wieder erhalten. Wichtig ist dabei, dass die Wäschekennzeichnung mit professionellen Mitteln vorgenommen wird. Häufigster Grund für Wäscheverlust ist fehlende Wäschekennzeichnung (GRÜNIG, 2004, S. 43).

Die Sortierung der Wäsche kann durch das Personal oder in der Hausgemeinschaft stattfinden und muss entsprechend den Pflegesymbolen erfolgen, damit Wäsche in einwandfreiem Zustand zu den Bewohnern zurückkommt. Infektiöse Wäsche ist von anderer Wäsche getrennt zu sammeln.

Entscheidend für die Wäschemenge ist, ob Wäsche in einer einrichtungseigenen Wäscherei gewaschen wird. Dann ist die Umlaufzeit für Wäsche kürzer und es wird weniger Wäsche benötigt. Auch können Bewohner in die Wäscherei gehen und nach ihrer Wäsche fragen. In einer hauseigenen Wäscherei können auch kleinere Reparaturen an der Wäsche erledigt werden (WIRSING, 2004).

Bei einer einrichtungsinternen Wäscherei müssen Waschprozesse im Hinblick auf Ressourceneinsatz und Textilerhalt wirtschaftlich sein. Es sind Räumlichkeiten sowie Personal für eine Wäscherei vorzuhalten und Abläufe zu planen. Außerdem ist eine Qualitätskontrolle und -sicherung gefordert, um Erwartungen der Bewohnerinnen und Bewohner zu entsprechen und Hygiene- und Qualitätsrichtlinien zu erfüllen. Infektiöse Wäsche braucht eine besondere Behandlung mit Desinfektionsmitteln, um Hygienerichtlinien zu entsprechen und Bewohner vor ansteckenden Krankheiten zu schützen.

Wird Wäsche an eine externe Wäscherei vergeben, so ist diese Wäscherei für Qualitätskontrolle und -sicherung verantwortlich. Der Transport der Wäsche und die Kontrolle im Haus müssen intern geregelt werden. Textilien, die in einer Industriewäscherei gewaschen werden, müssen eine höhere mechanische Waschwirkung aushalten, um saubere Wäsche bei kürzerer Laufzeit der Industriemaschinen zu erhalten. Der Wäscheverschleiß ist dadurch größer und die Wäsche muss den Anforderungen der Industriemaschinen angepasst sein (FURITSCH, 2004).

Um Abläufen des Lebensalltags von Bewohnerinnen und Bewohnern zu entsprechen, ist in einer Hausgemeinschaft auch eine Waschmaschine denkbar, damit Bewohner beteiligt werden können. Vorstellbar ist eine „Wäschekiste" mit Kleidungsstücken und Handtüchern, die zum „therapeutischen Waschen" benutzt werden, ohne dass besondere Hygiene- und Qualitätsanforderungen erfüllt werden müssen. Therapeutisch gesehen ist das Zusammenlegen der Wäsche eine geeignete Arbeit, um Erinnerungen an frühere Tätigkeiten zu wecken und Menschen mit Demenz ein Gefühl zu geben, dass sie noch etwas können. Diese Tätigkeiten können im Wohn-/Essraum der Hausgemeinschaft durchgeführt werden, wenn dieser Raum zum gleichen Zeitpunkt nicht für andere Tätigkeiten genutzt wird.

Anforderungen an die Wäschepflege der verschiedenen Interessengruppen, wie Bewohner, Pflege-, Wäschereipersonal, Einrichtungsleitung und Kostenträger sind unterschiedlich und teilweise konträr:

- Die Bewohner einer Hausgemeinschaft erwarten den „normalen Lebensalltag", das heißt, sie möchten vielleicht beim „Wäsche machen" helfen.
- Die Pflegekräfte brauchen zuverlässig genügend saubere Wäsche, um ihre Arbeit gut erledigen zu können.
- Das Wäschereipersonal muss ggf. einen Mehraufwand bei einer speziellen Fleckbehandlung der Oberbekleidung erbringen, der einer rationellen Aufgabenerledigung entgegensteht.
- Die Einrichtungsleitung möchte einerseits die Erwartungen der Bewohner erfüllen und muss andererseits den finanziellen Rahmen berücksichtigen und deshalb unnötige Tätigkeiten streichen.
- Kostenträger wollen eine preisgünstige Erstellung der Wäschepflegeleistungen (BAUER-SÖLLNER et al., 2004, S. 322).

3 Wäschepflegestrukturen

Bei der Organisation der Wäschepflege sind verschiedene Abläufe möglich. Bei einer Fremdbewirtschaftung müssen die Ziele des Wäschebereichs abgestimmt werden, damit sie dem Leitgedanken der Einrichtung entsprechen. Es besteht grundsätzlich die Wahl zwischen einer zentralen oder dezentralen Organisation. Nachfolgend werden die beiden unterschiedlichen Strukturen vorgestellt.

Bei einer **überbetrieblichen Zentralisierung** wird die Wäsche in einer zentralen Großwäscherei gereinigt und fertig bearbeitet wieder angeliefert. Sie kann dann zentral angenommen, bereitgestellt und abgegeben werden. Dazu benötigt die Einrichtung maschinelle oder mechanische Transportfahrzeuge, ein zentrales Lager und Personal, das Wäsche kennzeichnet, sortiert, verteilt, kontrolliert und eventuell ausbessert. Es muss ein Hol- und Bringdienst organisiert und die Verteilung auf den Etagen muss gesichert sein. Das Wäschelager muss in je ein reines und unreines getrennt werden. In der Hausgemeinschaft ist ein Raum notwendig, in dem die unterschiedlichen Wäschesäcke für Schmutzwäsche stehen.

Eine **hauseigene zentrale Wäscherei** kann die Wäschepflege durchführen. Das Wäschereipersonal kann je nach Betriebsgröße noch andere Aufgaben übernehmen. Wird die Wäsche zentral gelagert, so ist in der Hausgemeinschaft weniger Stauraum vorzuhalten. Gibt es mehrere Hausgemeinschaften, so ist eine hauseigene Wäscherei vielleicht kostengünstiger und kann bedarfsorientierter reagieren als eine Fremdfirma. Die Qualitätskontrolle und -sicherung liegt in der Verantwortung der Wäscherei und die Flexibilität und Versorgungssicherheit ist höher. Die Ziele einer hauseigenen Wäscherei sind einrichtungsspezifischer als die einer fremden Wäscherei.

Wird Wäsche **dezentral in Hausgemeinschaften** gewaschen, getrocknet, gebügelt und zusammengelegt, braucht jede Wohneinheit einen Raum für die Wäschepflege und eine Wasch- und eine Trockenmaschine (BAUER-SÖLLNER et al., 2004, S. 328 – 330).

Für Bewohnerinnen und Bewohner mit Demenz wird mit fortschreitender Krankheit die Pflegebedürftigkeit immer größer. Dadurch kommt es sehr wahrscheinlich zu einem Mehraufwand bei der Wäsche. Bewohner werden inkontinent oder koten ein. Da Betreuung, Versorgung und Pflege bei fortgeschrittener Demenz mehr Zeitaufwand erfordern, ist es sinnvoll, in Anbetracht von Wäschemengen und Hygieneauflagen nur therapeutisch in einer Hausgemeinschaft zu waschen. Dabei ist zu überlegen, in welcher Relation die Anschaffungskosten einer Waschmaschine zum Nutzen stehen und ob ggf. in einem zentralen Raum diese Funktionen für mehrere Hausgemeinschaften übernommen werden können.

4 Wäschepflegevarianten

Wichtig für eine Gestaltung von Prozessen und Strukturen ist die Leistungskonzeption. Es gibt verschiedene Möglichkeiten, wobei Variante 2 die häufigste ist (vergl. Abb. 4 und 5).

Variante	Wäscheversorgung	Ausführung
1	**Vollversorgung** durch eine Einrichtung	Gesamte Wäsche und Kleidung wird zur Verfügung gestellt und gewaschen.
2	**Teilweise Versorgung** durch eine Einrichtung	Bettwäsche, Bettzeug, Handtücher und Funktionswäsche werden von Einrichtung gestellt. Bewohnerwäsche ist Eigentum der Bewohner, Wäschepflege wird von Einrichtung durchgeführt.
3	**Einrichtung stellt keine Wäsche zur Verfügung**	Einrichtung übernimmt Wäschepflege.

Abb. 4: Varianten bei Wäscheversorgung und -pflege (in Anlehnung an BAUER-SÖLLNER et al., 2004, S. 325)

Variante	Vorteile	Nachteile
Vollversorgung	Einrichtung ist für die Beschaffung der Textilien zuständig und kann sie den Anforderungen entsprechend auswählen.	Bewohner verliert Individualität. Da Bewohner durch Demenzerkrankung immer mehr vergessen, ist es für sie wichtig, ihre eigenen, altbekannten Sachen zu tragen, da durch sie Erinnerungen geweckt werden können.
Teilversorgung	Ein Teil der Wäsche wird gestellt. Qualität der Wäsche kann von Einrichtung bestimmt werden, damit sie den formulierten Anforderungen entspricht. Einheitliche Bettwäsche und Handtücher können beschafft werden, die eine rationelle Arbeitsweise ermöglichen. Bewohner benutzen ihre eigene Kleidung und können – soweit möglich – selbstbestimmt entscheiden.	Bewohnerwäsche kann Wäschepflegeanforderungen nicht entsprechen. Sinnvoll ist es, eine Angehörigeninformation über Wäsche mit dem Vertrag vorzulegen. So können Angehörige geeignete Wäsche anschaffen oder wissen, dass sie die Reinigung oder Reinigungskosten ungeeigneter Wäsche übernehmen müssen.
Wäsche im Eigentum von Bewohnern	Bewohner können in ihrer eigenen Wäsche, angefangen bei Gardinen über Bettwäsche bis hin zu Kleidung, leben.	Einrichtung hat wenig Einflussnahme auf Wäschequalität. Größere Wahrscheinlichkeit von Verwechslungen besteht, da mehr Teile zu einem bestimmten Bewohner gebracht werden müssen. Dadurch kann Unzufriedenheit von Bewohnern steigen. Vielfältige Wäschestücke mit verschiedenen Waschanforderungen benötigen mehr Zeit bei Wäschepflege. Diese Variante birgt die Gefahr, dass Hygienevorschriften nicht eingehalten werden können, da nicht unbedingt alle Materialien den Anforderungen einer professionellen Wäschereimaschine entsprechen.

Abb. 5: Vor- und Nachteile von Wäschevarianten

Es gilt abzuwägen, was für die Individualität der Bewohnerinnen und Bewohner wichtig ist und was für die Einrichtung nicht zu viel Aufwand bei der Umsetzung bedeutet. Die Leistungserbringung hängt von der Entscheidung für genannte Möglichkeiten ab.

In der Leistungskonzeption wird auch entschieden, welche Einwegartikel eingeführt werden, wie zum Beispiel Inkontinenzartikel (BAUER-SÖLLNER et al., 2004, S. 326).

Das Pflegepersonal könnte mittags durchsichtige Einwegschürzen für die Essensverteilung benutzen. Das bietet den Vorteil, dass sie mit ihrer kaum veränderten Bekleidung für die Bewohner als Pflegekraft gut zu erkennen sind und Hygienevorschriften erfüllen. Nachteilig ist dabei, dass durch die Einwegschürzen Abfall produziert wird. Es ist auch denkbar, Stoffschürzen zu verwenden. Sie können Menschen mit Demenz an früher erinnern, als es üblich war, bei Haushaltstätigkeiten eine Schürze oder einen Kittel zu tragen.

Quellenverzeichnis

Bücher:

Bauer-Söllner, B./Haag, I./Sobotka, M.: *Wäschebereich. In: Management des hauswirtschaftlichen Dienstleistungsbetriebs. Fachausschuss Großhaushalt der Deutschen Gesellschaft für Hauswirtschaft (Hrsg.). München 2004*

Beuting-Lampe, K./Klöber, M. Ch./Klöber, R.: *Erfolg ist planbar. Qualitätsmanagement für hauswirtschaftliche Führungskräfte. München 2004*

Grünig, U.: *Organisation von Hausgemeinschaften in stationären Einrichtungen in Theorie und Praxis. Diplomarbeit, Fachhochschule Osnabrück. 2004*

Zeitschriften:

Furitsch, H. P.: *Professionelle Textilpflege in hauseigenen Wäschereien. FUNDUS 2: S. 18 – 19, 2004*

Wirsing, B.: *Logistische und fachliche Herausforderung. FUNDUS 2: S. 16 – 17, 2004*

Teil 3
Hauswirtschaft in der Praxis

Ralf Oberle

Regionale Aspekte als Gestaltungsmittel für das Lebensumfeld

1 Stellenwert von regionalen kulinarischen Aktionen

Heime sind grundsätzlich Wohnformen für Menschen mit Pflegebedarf. Die Lebenssituation dieser Menschen ist geprägt durch eine mehr oder weniger starke Einschränkung der Aktivitäten des täglichen Lebens. Die Erlebnismöglichkeiten für diese Personengruppe sind deutlich eingeschränkt. Insofern ist es wichtig, dass die Heime in Zukunft solche Erlebnismöglichkeiten für ihre Bewohner schaffen. Insbesondere regionale kulinarische Aktionen sind eine hervorragende Möglichkeit für neue Erlebnisräume vor Ort. Deshalb ist es wichtig, dass regionale kulinarische Aktionen in ein Gesamtkonzept für ein Heim eingebunden sind, damit sie sowohl für die Bewohner als auch für Externe einen hohen Aufmerksamkeitsgrad erreichen.

Ziel der regionalen kulinarischen Aktionen ist es, neben dem Schaffen von neuen Erlebnisräumen für die Bewohner auch den Bekanntheitsgrad und das Image eines Heims im Umfeld zu verbessern. Damit schaffen sie sowohl im Hinblick auf das Speisenangebot als auch die Bekanntheit des Hauses vielfältige regionale Bezüge.

Im Rahmen einer Umfrage zu Aktionswochen in Einrichtungen der Alten- und Pflegehilfe ergab sich, dass folgende regionale Aktionen erfolgreich durchgeführt wurden:

- Bayerische Woche,
- Fischwoche,
- Fasching bzw. Karneval,
- Maifest,

- Sommerfest,
- Weinfest,
- Adventsfeier,
- Weihnachtsfeier,
- Pfarrfest,
- Wäldches Tag (Frankfurt),
- Weihnachtsgans-Essen,
- Allgäuer Käsespätzle-Essen,
- jahreszeitliche Aktionen,
- Modenschau,
- Alphornbläser.

Alle diese Ansätze lassen sich zu einem weiterführenden, umfassenderen Konzept ausbauen.

2 Organisationsgrundlagen

Für die Durchführung von Sonderaktionen sind verschiedene Prozessschritte zu beachten. In einem solch umfassenden Konzept ist es erforderlich, verschiedenste Professionen und alle potenziell Beteiligten der verschiedenen Bereiche einer Einrichtung in die Planung einzubeziehen. Vielfach entstehen Ideen zu solchen Sonderaktionen im Bereich Hauswirtschaft. Abbildung 1 bietet einen Überblick, wie eine solche Aktion geplant und gesteuert werden könnte.

2.1 Einbeziehen der Heimleitung

Vor dem Start einer derartig umfassenden Aktion muss die Heimleitung für ein solches Projekt gewonnen werden. Bei der Information der Heimleitung kommt es darauf an, die entwickelte Idee so zu verkaufen, dass die Führungskraft den Nutzen für das Haus und möglicherweise auch für sich persönlich erkennt. Folgende Schritte haben sich bewährt:

- Terminvereinbarung mit Kurzinfo über das Thema
- Gespräch führen
- Konzept überreichen und erläutern:
  - Einsatz von Bildern aus Kochbuch, Dekorationsmaterial,
  - CD mit Musik etc.

Regionale kulinarische Aktionen				
Konzept	**Information der Heimleitung**	**Sponsoren-suche**	**Bekannt-machung**	**Ablauf**
❖ Ideensammlung ❖ Zielgruppe ❖ Speisenplanung ❖ Einbeziehung aller Bereiche: - Personal ➪ Koch, Küchenpersonal ➪ Heimleitung ➪ Beschäftigungstherapie ➪ Pflege ➪ Haustechnik ➪ sozialer Dienst ❖ Ablaufplanung und Dekoration ❖ Budget		Wer stellt Dekorationsmaterial, Informationsmaterial oder auch Geld zur Verfügung?		❖ Dienstplan ❖ Dekoration ❖ Arbeitsaufteilung - Küche, HWL, Stationen, Hausmeister, Sonstige

Leitung	**Küche**	**HWL**	**Stationen**
❖ Öffentlichkeit informieren ❖ Musik organisieren	❖ Speisenplanung ❖ Einkauf ❖ Personalplanung ❖ Service	❖ Saal, Hof dekorieren ❖ Geschirr ❖ Service	❖ Info der Bewohner ❖ Wer kommt? ❖ Betreuung

Abb. 1: Regionale kulinarische Aktionen. Nach der ersten Ideensammlung sollte herausgearbeitet werden, wer für die Aktion als Zielgruppe für eine Beteiligung in Frage kommt. Dies insbesondere mit dem Blick auf die Unterstützung durch Beiträge, Materialien und Geld.

- Vorteilsargumentation
  - in Bezug auf das Haus,
  - in Bezug auf die Bewohner,
  - in Bezug auf die Heimleitung.
- Einwände bearbeiten
  - Aufzeigen von Lösungen,

  - bei Schwierigkeiten in der Argumentation oder erheblichen Einwänden ggf. Grundsatzfrage stellen: „Wie stellen Sie sich vor, was wir von der Hauswirtschaft für das Haus noch tun können?"
- Anregungen der Heimleitung aufnehmen.
- Abschluss des Gesprächs und Vorgehensweise vereinbaren.
- Aktiv nach der Zustimmung der Heimleitung fragen!

2.2 Einbeziehen des Personals

Folgende Aufgabenverteilungen für die unterschiedlichen Beteiligten sind Beispiele aus der Praxis, die als Anregung für regionale kulinarische Aktionen dienen können.

- Koch: Komplette Erstellung des Küchenplans, Warenbeschaffung.
- Heimleitung: Kontakt zu Vereinen, Öffentlichkeit, Presse, Angehörigen.
- Hauptverantwortliche: Budget, Klärung, Einladungen an Gäste und Öffentlichkeit, Begrüßungsworte, Eröffnung, Verabschiedung, Organisation von Musik und Gruppen etc.
- Hauswirtschaft: Dekoration, Geschirr, Tischdecken, Service, Abräumen.
- Beschäftigungstherapie: Sketche einüben und Dekorationsmaterial mit Bewohnern basteln.
- Hausmeister: Tische, Bestuhlung, Verstärkeranlage, Licht, Buden aufstellen.
- Pflegepersonal: Bewohnerbetreuung, Bewohner bringen, abholen, füttern, unterhalten, Buden zeigen und erläutern.

2.3 Ablaufplanung

Eine zusätzliche Aktion muss mit ausreichend zeitlichem Vorlauf initiiert werden, damit sich alle Beteiligte auf ihre Aufgaben einstellen, diese planen, organisieren und möglichst stressfrei abwickeln können. Ein Beispiel aus der Praxis soll auch hier als Anregung dienen:

- Zeitliche Planung: ein halbes bis ein Jahr Vorplanung
- Termin setzen: Personalanzahl konkret festlegen, konkretes Budget festlegen, Speisenplan komplett festlegen, Dekorationsmaterial besorgen
- Budget/Sponsoren: Festlegung des Budgets gemeinsam mit der Heimleitung
- Sponsoren ansprechen: Brauerei, Metzger, Bäcker, Bauern, Milchzentrale, Heimatverein etc.

2.4 Einbeziehen von Sponsoren

Für die Durchführung einer kulinarischen Aktion kommen eine ganze Reihe von Sponsoren in Frage. Diese sind beispielsweise:

- Lieferanten,
- Brauereien,
- Heimatvereine,
- Frauenbund,
- Altenclubs,
- Firmen, zum Beispiel Elektro/TV, Innenausstatter,
- Musikgruppen,
- Kindergärten,
- Faschingsverein,
- Presse, Zeitungsverlage,
- Verkehrsämter der Länder, zum Beispiel Österreich,
- Stadtarchiv.

2.5 Bekanntmachung

Die Bekanntmachung der regionalen kulinarischen Aktionen sollte durch die Heimleitung in Form von Pressemitteilungen, Einladungsschreiben an Angehörige und Bewohner sowie Vertreter von Parteien, Vereinen, Feuerwehr etc. erfolgen. Durch die Vorgabe bestimmter inhaltlicher Schwerpunkte für das Einladungsschreiben kann die Hauswirtschaft die Heimleitung aktiv unterstützen (vergl. Kapitel 3).

2.6 Nachbereitung

Die Nachbereitung einer regionalen kulinarischen Aktion sollte dazu führen, dass eine möglichst lange Nachwirkung der Veranstaltung bleibt.

Folgende Aktivitäten zur Nachbereitung sind empfehlenswert:

- Pressespiegel anfertigen,
- Bewohnerbefragung,
- Angehörigenbefragung,
- Sponsorenbefragung, zum Beispiel Dankesbrief,
- Mitarbeitergespräch in Leitungsrunde, um Verbesserungsvorschläge einzusammeln,
- Kaffeenachmittag für die ehrenamtlichen Mitarbeiterinnen und Mitarbeiter (Anregung: an anderen Ort einladen),
- Dokumentation der Aktion mit
  - Fotos,
  - Speisenplan,
  - Dekomaterial,
  - Collage.

  Diese Dokumentation kann an einem gut sichtbaren Punkt im Hause platziert werden,
- Nutzen der Aktion, beispielsweise auch in der Interessentenwerbung bzw. im Bereich Essen auf Rädern (falls vorhanden),
- Bilanz der Kosten und Gegenüberstellung von Erlösen.

3 Organisationsbeispiele

Mit folgenden Beispielen soll verdeutlicht werden, dass Sonderaktionen zur Vereinfachung nach einem Raster ablaufen können (vergl. Abb. 1), aber stets individuell entsprechend der jeweiligen Schwerpunkte im Detail geplant und organisiert werden müssen. Das bedeutet, dass externe Angebote (zum Beispiel von Caterern, Verlagen) nur eine Anregung sein können und einrichtungsspezifisch sehr unterschiedlich umgesetzt werden müssen, damit die Aktion für die jeweiligen Zielgruppen vor Ort (Bewohner, Personal, Externe) zum Erfolg führt.

Wichtig ist, verschiedene Aktionen in einen sinnvollen zeitlichen Ablauf und Zusammenhang zu stellen (zum Beispiel Berücksichtigung von Jahreszeiten, regelmäßigen kulturellen Ereignissen) und nicht zu viel Verschiedenes auf einmal neu anzugehen.

Zu Beginn jeder Aktion sollte eine Ideensammlung stehen, welche Lebensmittel oder Speisen für die jeweilige regionale kulinarische Aktion im Mittelpunkt stehen sollen.

Anschließend erfolgt die Verteilung von Aufgaben, die Überlegung von ggf. differenzierten Zielsetzungen für spezielle Zielgruppen und eventuell eine Untergliederung in Teilaktionen.

Möglichst früh sollten potenzielle externe Partner (zum Beispiel Informationsgeber, Sponsoren) angesprochen und ein Zeitplan für die interne und externe Kommunikation des Ereignisses aufgestellt werden: Wann wird wer informiert? Wer soll von (Fach-, Tages-)Presse, Rundfunk etc. kommen?

Nachfolgend sind drei ausgewählte Beispiele für regionale kulinarische Sonderaktionen ausführlicher dargestellt: eine Jahreszeiten-Aktion, eine Aktion „Kaiserliche Hochgenüsse" und eine „Altbayerische Woche".

3.1 Konzept „Jahreszeiten-Aktion"

Ideensammlung

- Frühjahr: Lamm, Spargel, Spinat
- Sommer: Matjes, Maischolle, Gegrilltes
- Herbst: Wild, Pilze, Forelle
- Winter: Karpfen, Gans, Grünkohl

Zielgruppen: Bewohner und Angehörige
Lieferanten

Einbeziehung aller Bereiche

- Küche: Speisenplan erstellen, Einkauf und Dekorationsmaterial beim Großhandel besorgen.
- HWL: Raumausstattung herrichten.
- Beschäftigungstherapie: Dekos mit Bewohnern erstellen, Lieder einstudieren.
- Pflegepersonal: Bewohnerbetreuung sicherstellen.
- Hausmeister: Tische stellen, Beleuchtung, Girlanden.
- Heimleitung: Schriftliche Einladung an Bewohner und Angehörige sowie Presse. Um die Wertigkeit der Einladung hervorzuheben, falls die Angehörigen nicht zusätzlich zahlen sollen, könnte ein Gutschein bei der schriftlichen Einladung an die Angehörigen mit verschickt werden.

- Ablaufplan: Dienstpläne, Festvorbereitung, interne und externe Kommunikation.
- Budget/Sponsor: Budgetüberschreitung am Folgetag ausgleichen, örtliche Lieferanten ansprechen.

Beispiel für Sponsorenanschreiben für jahreszeitliche Aktionstage

Sehr geehrte Damen und Herren der Firma....,
unser Haus beabsichtigt, in der Zeit vom ... bis ... drei Spezialitätentage über Fisch und Frühlingsgemüse durchzuführen.
Zu diesen Veranstaltungen werden Angehörige und Presse eingeladen. Der örtliche Radiosender „Radio ...“ wird wohl einen kleinen Bericht senden.
Wir bitten Sie deshalb, uns verschiedenes Dekorationsmaterial, wie zum Beispiel Poster, Netze, Muscheln, Fische usw. zur Verfügung zu stellen.
Nach langjähriger, guter Zusammenarbeit mit Ihrer Firma bitten wir Sie auch um eine angemessene Spende.
Dies ist auch eine gute Gelegenheit, Ihre Firma in unserer Region zu präsentieren.
Wir würden uns sehr freuen, bald eine positive Nachricht von Ihnen zu erhalten.
Mit freundlichen Grüßen

3.2 Konzept „Kaiserliche Hochgenüsse“

Ideensammlung

- Sissi-Filme zeigen
- Ausstellung mit Stellwänden/antike Bildergalerie
- klassische Musik zum Essen (Hintergrundmusik)
- Tanzgruppe „Walzer“
- Musikschule ansprechen, um zum Beispiel Barockmusik anzubieten
- Sissi-Büste besorgen
- Blumenschmuck/Gestecke
- Lichtbildervortrag
- Dekoration mit Samtstoffen
- Kerzenhalter antik
- Tischdekoration (Servietten etc.)
- ausgeschnittene Motive

Zielgruppen: Bewohner
Angehörige
„Tag der offenen Tür"
- Bevölkerung
- Sozialstation
- Altenclub
- Frauenbund
- Geschäftsführung/Vorstand

Speisenplanung

vier Tage, von Donnerstag bis Sonntag

Donnerstag Mittag:	Grießnockerlsuppe Tafelspitz mit Krensoße Salzkartoffeln, glasiertes Gemüse und Apfelküchle
Nachmittag:	Kaffee und Dukatnudeln
Abend:	Pasteten und Salate
Freitag Mittag:	Eierstichsuppe Bachsaibling auf Dillschaum Petersilienkartoffeln, Kaisergemüse
Nachspeise:	Palatschinken mit Schokosoße
Nachmittag:	Kaffee und Gugelhupf
Abend:	vergl. Fachliteratur
Samstag Mittag:	Frittatensuppe Ungarisches Gulasch, Böhmische Knödel, grüner Salat
Nachspeise:	Birnencreme
Nachmittag:	Kaffee und Prinzregenten-Torte
Abend:	vergl. Fachliteratur
Sonntag Mittag:	Kaiserliche Festtagssuppe Rehrücken gespickt, Preiselbeerbirne, Blaukraut, Schlosskartoffeln
Nachspeise:	Reis „Trautmannsdorf"
Nachmittag:	Wiener Kaffee, Hausmusik, Tanzmusik-Vorführung, dazu drei verschiedene Kaffees (Melange, Brauner, Pharisäer), Sachertorte, warmer Apfelstrudel mit Eis Tag der offenen Tür ab 13.00 Uhr
Abend:	vergl. Fachliteratur

Einbeziehung aller Bereiche

- hochmotivierte Mitarbeiter
- Heimleitung
- Rahmenprogramm
- Pflege
- Hausmeister
- Beschäftigungstherapeuten
- Ehrenamtliche
- Betreuerkreis
- Bastelgruppe
- Küche
- Hauswirtschaft

Ablaufplanung/Deko

- täglich Sissi-Filme (Zivi/Hausmeister)
- täglich Ausstellung (Hausmeister, Beschäftigungstherapeut)
- täglich Sissi-Büste (Beschäftigungstherapie/Hausmeister)
- täglich Tischdekoration und Hausschmuck (Hauswirtschaftsleitung)
- Donnerstag Lichtbildervortrag (Betreuerkreis/Heimleitung)
- Freitag Tanzgruppe (Heimleitung)
- Samstag Musikschule (Heimleitung)
- Sonntag „Tag der offenen Tür" mit Kaffeehaus-Atmosphäre (Mitarbeiter aus Service, Küche, Pflege etc.)

Budget/Sponsoren: Spenden von Lieferanten
Spendenbüchse am „Tag der offenen Tür"

Beispiel für ein Anschreiben an potenzielle Sponsoren

Sehr geehrte Damen und Herren,

wir sind ein Pflege- und Altenheim der .... mit 150 Bewohnerplätzen, davon 80 Pflegebedürftigen.

Auf Anregung von Bewohnern und Mitarbeitern möchten wir vier kulinarische Tage unter dem Motto „Kaiserliche Hochgenüsse" in Anlehnung an die Sissi-Filme durchführen. Dabei dachten wir daran, den letzten Tag als „Tag der offenen Tür" zu gestalten.

Aus diesem Grund möchten wir ein Rahmenprogramm erstellen, wobei wir an Stellwände mit Bildern, Lichtbildervortrag, Filme etc. denken. Bei dieser Gelegenheit möchten wir auch das Reiseland Österreich präsentieren. Wir würden uns sehr freuen, wenn Sie uns mit Sachspenden oder Leihgaben unterstützen würden.
Am „Tag der offenen Tür" rechnen wir mit ca. 500 Gästen, bestehend aus der örtlichen Presse, diversen Vereinen, Mitgliedern der Kirchengemeinde und den politischen Gremien unserer Stadt.
In Erwartung auf eine positive Zusammenarbeit verbleiben wir mit freundlichen Grüßen

3.3 Konzept „Altbayerische Woche"

Ideensammlung

Beteiligung von:

- Schmied
- Schuster
- Kesselflicker
- Trachtengruppen
- Brauchtumsgruppen
- Tänzer (Aufführen von Tänzen)

Stände aufbauen:

- Schuster mit alten Geräten
- Frau am Spinnrad
- Mobile Brauerei: Kostproben
- Holzschuhe zum Probelaufen
- Korbflechten
- Besenbinden

Zielgruppen

Bewohner, Verwandte, Angehörige
je nach Räumlichkeit auch die Öffentlichkeit (Vereine)

Speisenplanung

Montag Mittag:	Brotsuppe mit geschmelzten Zwiebeln Schweineschäufele, Schäufele mit grünen Klößen
Nachspeise:	Mini-Dampfnudeln mit Vanillesoße
Abend:	Schwarzgeräuchertes mit Bauernbutter und Steinofenbrot

Dienstag Mittag:	Leberknödelsuppe, Bauchstellala
Nachspeise:	Bratäpfel mit Zimtsoße
Abend:	Weißwürste, frische Brezen und Bier

Mittwoch Mittag:	Altbayerische Biersuppe Schlachtschüssel mit Blut- und Leberwürsten mit Sauerkraut und Dotsch
Nachspeise:	Quarkknödel mit Kirsinglistsoße
Abend:	Sennteller und Buttermilch

Donnerstag Mittag:	Milchsuppe mit Schmandklößchen Gansjung mit Semmelknödeln
Nachspeise:	Scheiterhaufen und Kompott
Abend:	Saurer Presssack mit Bratkartoffeln

Freitag Mittag:	Dorschensuppe Kartoffelschmarrn mit Apfelmus
Abend:	verschiedene Holzofenbrote, Bauernbrotsorten nach Großmutters Art mit Griebenschmalz

Beispiel für ein Anschreiben an Sponsoren für eine Aktion „Altbayerische Woche"

Sehr geehrte Damen und Herren,

unser Haus veranstaltet in der Zeit vom .... bis ... eine besondere Projektwoche unter dem Thema „Altbayerisches Brauchtum und altbayerische Spezialitäten".

Da die Aufgaben eines Altenheims zu dem Schwerpunkt Pflege die medizinische Betreuung alter Menschen beinhaltet, bitten wir Sie um Informationsmaterial und Denkanstöße zum Thema „Altbayerisches Brauchtum". Im Einzelnen denken wir dabei an: Altbayerische Brauchtümer, Handwerksberufe und deren Utensilien, alte Filme, Dias, Schautafeln sowie Literaturhinweise.

Da in dieser Woche unser Haus der Öffentlichkeit zugänglich gemacht werden wird, hoffen wir, dass es auch im Interesse der Stadt ist, die kulturellen Aspekte weiter zu vermitteln.

Mit freundlichen Grüßen

4 Fazit

Das hier zusammengestellte Material eignet sich gut, um eigene regionale kulinarische Aktionen zu entwickeln, zu planen, durchzuführen und nachzubereiten. Im Einzelnen wird es noch eine ganze Reihe von Detailaufgaben geben, die gelöst werden müssen. Jedoch bietet diese Zusammenstellung von wesentlichen Kriterien und einigen Beispielen Anregung für eine eigene regionale kulinarische Aktion im Rahmen der Gesamtkonzeption einer Einrichtung. Hauswirtschaft kann mit solchen Aktionen zur zukunftsfähigen Profilierung einer Einrichtung aktiv beitragen und sich selbst damit auch positiv in Szene setzen!

Ulrike Grünig/Elisabeth Leicht-Eckardt

Organisation von stationären Haus- und Wohngemeinschaften

Abhängig von Vorgaben bestehen unterschiedliche Voraussetzungen für die Einrichtung und Organisation einer Haus- bzw. Wohngemeinschaft. Im Einzelnen sind es Rahmenbedingungen, Gebäude, Ausstattung, Personal und unterschiedliche Organisationsformen, die eine Ausführung bestimmen, beeinflussen und hier betrachtet werden.

Aufgrund der vielen verschiedenen Möglichkeiten, das Leben von Menschen mit Demenz zu organisieren, werden hier zunächst einige wesentliche Begriffe geklärt, die diesem Buch zu Grunde liegen.

1 Begriffserklärung

Hausgemeinschaft

Nach dem Kuratorium Deutsche Altershilfe (KDA) ist eine Hausgemeinschaft eine autonome Wohngruppe von bis zu acht pflegebedürftigen Personen, die das Familienleben imitieren. Jeder Bewohner hat ein abgeschlossenes Einzelzimmer in der geräumigen, barrierefreien „Wohnung". Die Zimmer gruppieren sich um den Lebensmittelpunkt, einen „großzügigen" Gemeinschaftswohn-/Essbereich mit einer offenen Küche. Das Zentrum dieser Hausgemeinschafts-Küche bildet der Ofen im Sinne einer „wärmenden Feuerstelle". Dort spielt sich das alltägliche Leben der Hausgemeinschaft (Kochen, Essen und Kommunikation) ab, das aktiv mitzugestalten oder miterlebbar ist. Dabei wird durch verschiedenste Reizangebote das gesamte Sinnesspektrum der Bewohner angesprochen. Insbesondere können die Bewohner in einer Hausgemeinschafts-Küche bei der Speisenzubereitung mitarbeiten, so an den ihnen bekannten Lebensalltag anknüpfen und altbekannte Fertigkeiten nutzen. In jeder Hausgemeinschafts-Küche ist tagsüber eine Bezugsperson anwesend, der so genannte „Alltagsmanager" oder die „Präsenzkraft". Er oder sie übernimmt Tätigkeiten wie Essenszubereitung, Stimulation, Motivation und Kontaktpflege innerhalb der Gemeinschaft und nach außen (Ärzte, Therapeuten und Angehörige) etc. (WINTER et al., 2000, S. 12).

Wohngemeinschaft

Gruppe von Personen, die als Gemeinschaft [mit gemeinsamem Haushalt] ein Haus oder eine Wohnung bewohnen (DUDEN, 2005 [10.10.2005]). Dieser Begriff wird für den stationären und den ambulant betreuten Bereich in modifizierter Form angewendet. Beide auf betreute Wohngemeinschaften ausgelegte Auffassungen sind gegenüber klassischen Wohngemeinschaften in Privathaushalten abzugrenzen. Während betreute Hausgemeinschaften üblicherweise davon ausgehen, dass ihre Bewohner eingewiesen werden, wird hier unter einer im Privathaushalt organisierten Wohngemeinschaft eine selbstständige, freiwillige und selbst organisierte Gruppe von zusammenlebenden, nicht miteinander verwandten Personen verstanden. Nachfolgend wird für Menschen mit Demenz deshalb der Begriff „Hausgemeinschaft" verwendet, wenn die Form des Zusammenlebens dieser Menschen im stationären oder ambulanten Bereich betrachtet wird.

Organisation

Organisation bedeutet, dass der Aufbau von Strukturen und Abläufen der Tätigkeiten in einer Einrichtung planmäßig vorgedacht und gestaltet wird. Es wird über Spezialisierung und artgemäße Arbeitsteilung in den einzelnen Abteilungen entschieden. Eine Koordination der verschiedenen Leistungsbereiche ist notwendig. Es ist festzulegen, wie Entscheidungsbefugnisse, Weisungskompetenzen, Aufsichtspflichten sowie Kontrollrechte und -pflichten an Stellen oder Abteilungen gebunden werden.

Bei der Gestaltung der Organisation wird über die Tiefe der Hierarchieebenen entschieden und es werden Verantwortungsbereiche festgelegt.

Es ist zu bestimmen, welche Regelungen schriftlich, zum Beispiel in Organigrammen, Handbüchern oder Stellenbeschreibungen fixiert werden (BOTTLER, 2004, S. 65 – 68).

Bei einer funktionierenden Hausgemeinschaft müssen die oben beschriebenen Merkmale einer Organisation erfüllt werden.

2 Rahmenbedingungen

Für Pflegeeinrichtungen gibt es klare rechtliche Rahmenbedingungen für alle Träger wie Sozialgesetzbuch XI mit Pflege-Qualitätssicherungsgesetz, Heimgesetz, Lebensmittelhygiene-Verordnung usw. Die Finanzierung der Heime ist geprägt durch eine Aufteilung des Pflegesatzes in Pflegevergütung sowie Investitionskosten (GRÜNIG, 2004, S. 10).

Neben den Regelungen der Pflegeversicherung und des Heimgesetzes gelten für Einrichtungen ca. 90 weitere Regelungen, Gesetze und Verordnungen von Arbeitsschutzbestimmungen bis zur Zusatzstoff-Kennzeichnungs-Verordnung. Trotz dieser klaren Voraussetzungen unterscheidet sich die Praxis in Einrichtungen eklatant. Diese Beobachtung gilt auch für Haus- bzw. Wohngemeinschaften.

Während private Träger das Konzept aufnehmen und unter wirtschaftlichen Gesichtspunkten weiterentwickeln, scheinen Träger von Wohlfahrtsverbänden zunächst eher den Fokus auf mögliche Fördermittel zu setzen. Bei Wohlfahrtsverbänden kann es zwingend vorgegeben sein, auf ein einheitliches Erscheinungsbild zu achten, was unter Umständen die planerische Freiheit begrenzt. Häufige Folge ist, dass das vorhandene Hausgemeinschafts-Konzept des KDA eins zu eins umgesetzt wird, welches aber nach Ablauf des Förderzeitraums wirtschaftlich nicht lebensfähig ist und dann überarbeitet werden muss.

3 Leitbild

Die wichtigsten Bereiche einer Hausgemeinschaft, die hier betrachtet werden, sind die Arbeitsbereiche Hauswirtschaft – Beschäftigung – Pflege. Der Begriff Beschäftigung wird hier im Zusammenhang von Menschen mit Demenz synonym mit dem Begriff Betreuung verwendet.

Damit diese Bereiche gut zusammenarbeiten können, ist es notwendig, dass sie an einem gemeinsamen Ziel arbeiten. Ein Einrichtungskonzept und ein daraus hervorgehendes Leitbild sind wichtige Vorgaben, um zielorientiert zu wirken, denn ein Leitbild dient grundlegender Orientierung und entscheidet über die Organisationsform, die notwendige Gebäudeplanung und -gestaltung.

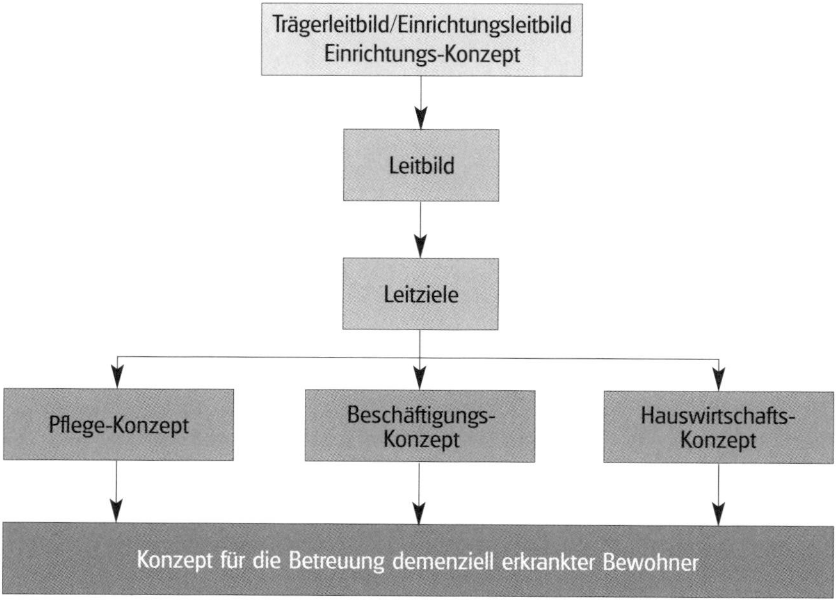

Abb. 1: Konzept für die Betreuung demenziell erkrankter Bewohner (SUPE et al., 2002, S. 6)

Wesentliche Elemente der Arbeit im ganzheitlichen Leitbild sind: Transparenz, Partizipation, Empathie, Akzeptanz, Kongruenz und Hilfe zur Selbsthilfe.

Von diesem Leitbild ausgehend sind Ziele und Konzepte der unterschiedlichen Bereiche zu entwickeln. Im Rahmen der Planung ist ein Ineinandergreifen der verschiedenen Bereiche zu berücksichtigen und abzustimmen. Bei der Umsetzung ist prozessorientiertes Denken wichtig, um Konzepte den aktuellen Bedürfnissen demenzkranker Menschen anzupassen. Da sich Bedürfnisse von Bewohnern im Verlauf der Erkrankung täglich ändern können, müssen Mitarbeiter flexibel reagieren. Es ist bei einer Hausgemeinschaft von Menschen mit Demenz sinnvoll, ein ganzheitliches und umfassendes Leitbild zu wählen, da es Wichtigkeit und Wertschätzung betont.

Eine Unterstützung beim Umsetzen dieser Haltung im Umgang mit den Bewohnern ist ein mit Pflege und Hauswirtschaft abgestimmtes Beschäftigungs-Konzept, das vor einer sinnvollen und zukünftig nutzbaren und funktionierenden Planung oder Umplanung eines Gebäudes feststehen muss (GRÜNIG, 2004, S. 26).

4 Organisationsform

Bei der Organisation von Hausgemeinschaften wirken sich der Aufbau einer Organisation sowie Arbeitseinteilung und Zuweisung bestimmter Aufgabenbereiche an unterschiedliche Berufsgruppen aus. Je nach einbezogenen Berufsgruppen bei der Planung rücken mehr hauswirtschaftliche und betreuende oder pflegerische Tätigkeiten in den Mittelpunkt.

Anfangs ist eine Entscheidung über die **Betreuungsform** wichtig. Dabei ist zwischen einer **integrativen** oder einer **segregativen** Form zu unterscheiden.

Während bei der integrativen Betreuungsform demenzkranke mit nicht-demenzkranken Menschen gemeinsam betreut werden, findet bei der segregativen Form eine separate Betreuung von Menschen mit Demenz statt. Für beide einrichtungsspezifisch zu prüfende Formen gibt es Argumente dafür und dagegen (vergl. Tab. 1, Seite 132).

Eine weitere Variante ist die **teilsegregative Betreuung,** dabei wohnen und leben Demenzkranke und Nicht-Demenzkranke gemeinsam, werden jedoch getrennt, entsprechend ihren Fähigkeiten, betreut (MÜLLER, 1999, S.30 – 31).

Damit die Organisation einer Einrichtung angemessen geplant werden kann, ist die Entscheidung für eine Betreuungsform Voraussetzung.

Des Weiteren gilt es, anhand von Organigrammen eine Aufgabenverteilung zu überlegen. Folgende Darstellungen sind Beispiele mit hauswirtschaftlichen Schwerpunkten.

Für **gemeinsame** Betreuung spricht:	Für **getrennte** Betreuung spricht:
Es gibt kein „Dementen-Ghetto".	Die Demenzkranken werden nicht mit Ablehnung und teilweise Verachtung der Gesunden konfrontiert.
Auch Gesunde sehen, dass sie integriert bleiben, wenn sie erkranken, haben eventuell weniger Angst vor der Erkrankung.	Die „fitten" Bewohner haben bereits Verlust erlitten (gewohnte Umgebung, oft Partner), ihnen ist nicht auch noch zuzumuten, sich mit dem schwierigen Verhalten demenzkranker Menschen auseinanderzusetzen; die Toleranz reicht meistens nicht aus.
Nicht-demenzkranke Bewohner können den demenzkranken Menschen helfen, gewissermaßen „Patenschaften" übernehmen. Sie haben so eine Aufgabe, werden gebraucht (das Selbstwertgefühl steigt).	Krankheitsbild fordert eine spezifische, angepasste Betreuung.
Orientierungshilfen für demenzkranke Menschen helfen auch Gesunden.	Pflegende können sich besser auf die besonderen Bedürfnisse ihrer Klienten einstellen.
Gesunde Bewohner können als „Modell" dienen, z. B. schauen sich demenzkranke Menschen ab, wie man mit dem Besteck umgeht.	Aggressionen und Irritationen können in einer beschützenden Umgebung minimiert werden.
Die Pflegekräfte haben nicht ausschließlich mit verwirrten Menschen zu tun, was eventuell als weniger belastend und ausgleichend erlebt wird.	Es muss nicht dauernd erklärt werden, warum sich ein demenzkranker Mensch so verhält (das erfordert beim Personal weniger Energieaufwand).
	Die gemeinsame „dementische" Sprache (nach WOJNAR, 2004) verbindet die demenzkranken Menschen.

Tab. 1: Argumente für gemeinsame und für getrennte Betreuung (geändert nach MÜLLER, 1999, S. 30 – 31)

Variante 1

Ziel dieser Organisationsform ist es, Bewohnern einen normalen Lebensalltag zu bieten, bei dem sie sich beteiligen oder teilhaben können. Hier gibt es vier hierarchische Ebenen.

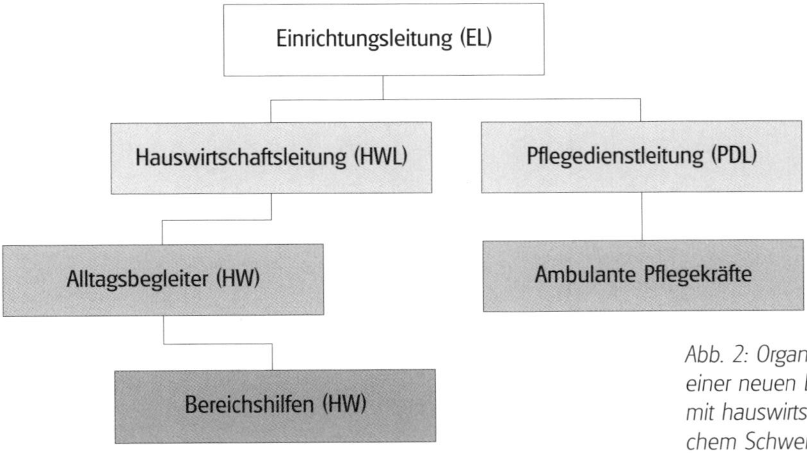

Abb. 2: Organigramm einer neuen Einrichtung mit hauswirtschaftlichem Schwerpunkt

Der Schwerpunkt liegt im Bereich Hauswirtschaft (HW), das heißt Alltagsbegleiter und Bereichshilfen übernehmen die Betreuung und gestalten mit Bewohnern den Lebensalltag in Bereichen wie Wohnen, Verpflegung, Reinigung, Wäsche, Freizeit usw. Da es keinen sozialen Dienst gibt, führen Alltagsbegleiter soziale Aufgaben durch. Unterstützt werden sie dabei von der Hausleitung, die in dieser Richtung ausgebildet ist. Alltagsbegleiter haben eine Ausbildung als hauswirtschaftliche Fachkräfte und Bereichshilfen sind hauswirtschaftliche Hilfskräfte.

Pflegeleistungen werden extern von ambulanten Pflegediensten eingekauft.

Zu Themen wie Demenz, Validation und Dokumentation werden Mitarbeiter geschult.

Fortlaufende Anpassungen des Konzepts an die sich ändernden Bedürfnisse der demenzkranken Bewohner sind erforderlich.

Variante 2

Bei dieser Organisationsform gibt es fünf Ebenen. Das Organigramm stellt dar, dass zusätzlich eine dritte Ebene von Bereichsleitungen eingeführt worden ist.

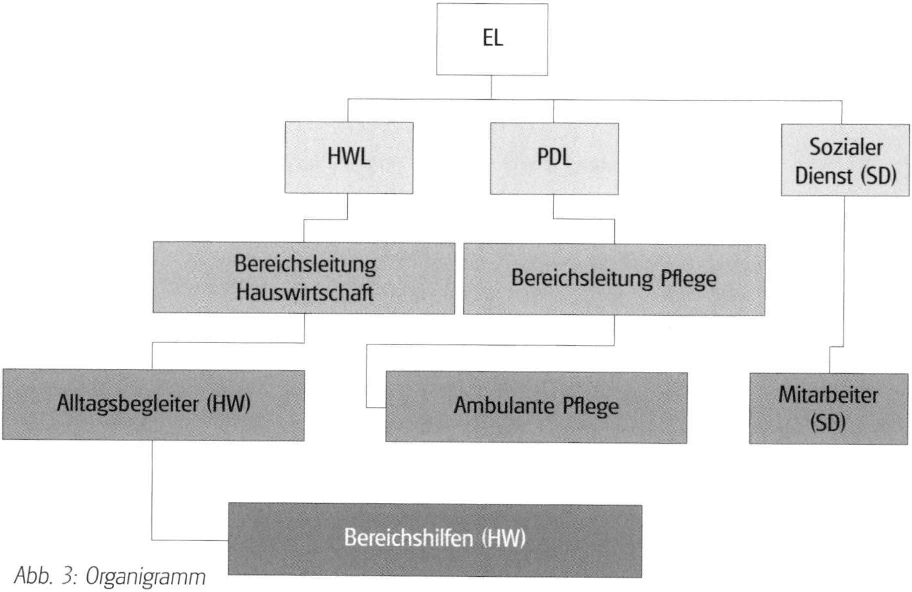

Abb. 3: Organigramm einer Einrichtung nach Umstrukturierung mit hauswirtschaftlichem Schwerpunkt

Bei einer Umstrukturierung von Einrichtungen, deren Schwerpunkt vorher im Bereich Pflege lag, kann eine dritte Ebene mit Bereichsleitungen für Hauswirtschaft und Pflege Vorteile bieten. Die Bereiche Hauswirtschaft und Pflege stehen gleichberechtigt nebeneinander und hauswirtschaftliche Mitarbeiter können besser bei Einbeziehung, Anleitung und Betreuung von demenzkranken Menschen unterstützt werden.

Neben einer klaren Aufgabenverteilung ist Kommunikation zwischen den verschiedenen Ebenen sowohl von oben nach unten als auch von unten nach oben wichtig. Gleichzeitig ist Informationsfluss und Dokumentation zwischen den unterschiedlichen Berufsgruppen einer Ebene notwendig, damit aktuelle Informationen weitergegeben werden und auf Bewohnerbedürfnisse eingegangen werden kann.

Um einen möglichst normalen Lebensalltag zu gewährleisten, ist es sinnvoll, einen regelmäßigen Tagesablauf zu planen, dieser bietet Bewohnern und Mitarbeitern Orientierung. Unterstützend wirken dafür integrierte Konzepte von Hauswirtschaft, Beschäftigung und Pflege. Eine Abstimmung der unterschiedlichen Konzepte, klare Absprachen von Verantwortungs- und Aufgabenbereichen sind notwendig, um eine gute Zusammenarbeit zu erreichen.

Die Einrichtungsleiterin der Villa am Buttermarkt in Adenau brachte es auf der Altenpflegemesse 2005 auf den Punkt, als sie gefragt wurde, was ihr Rezept für eine gelungene Zusammenarbeit sei: „Wir haben Verantwortung und Aufgabenbereiche klar verteilt. Alle haben unterschiedliche Berufe gelernt. Bei der Arbeit in unserer Wohngruppe vergessen wir die Berufe und arbeiten gemeinsam an dem Ziel, dass unsere Bewohner sich wohl fühlen und zufrieden sind" (ALTENPFLEGEMESSE, 2005).

Abbildung 4 stellt diese Aussage grafisch dar.

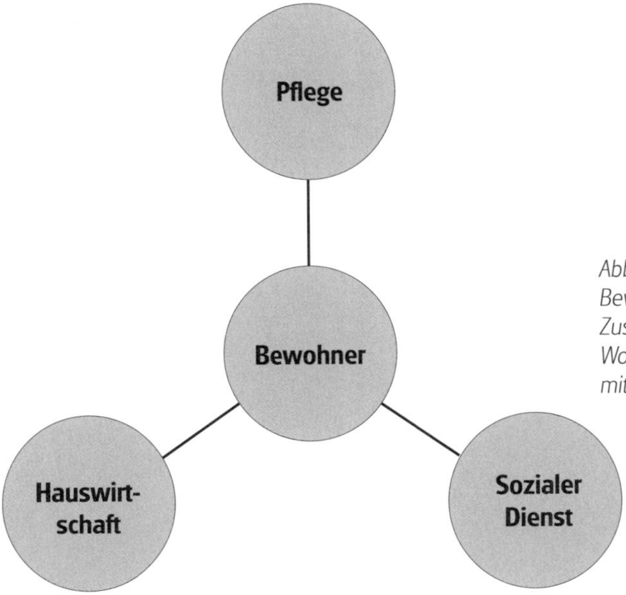

Abb. 4: Bewohnerorientierte Zusammenarbeit zum Wohle von Menschen mit Demenz

5 Gebäude

Die Gestaltbarkeit von Gebäuden unterscheidet sich grundsätzlich, wenn es sich um einen Um- oder Neubau handelt. Des Weiteren beeinflussen finanzielle Mittel und die Nutzungskonzeption Um- oder Neubau. Ein Um- oder Neubau richtet sich idealerweise nach einem komplett durchplanten (Hausgemeinschafts-)Konzept, das Hauswirtschafts-, Beschäftigungs- und Pflege-Konzept gleichberechtigt integriert. Durch Maßnahmen im Baubereich werden konzeptionell weit reichende Auswirkungen langfristig vorbestimmt. Kontaktaufnahme und Abstimmung mit den zuständigen Behörden ist vor Baubeginn sinnvoll, um rechtliche Bestimmungen einzuhalten. Hier ist die Heimmindestbau-Verordnung für Altenheime, Altenwohnheime und Pflegeheime für Volljährige zu nennen. Sie gilt für Einrichtungen, die in der Regel mindestens sechs Personen aufnehmen, und schreibt die baulichen Mindestanforderungen vor, um ein Heim betreiben zu dürfen. Es finden sich in dieser Verordnung Vorschriften über die Wohn- und Pflegeplätze, Flure und Treppen, Aufzüge, Fußböden, Beleuchtung, Rufanlage, Fernsprecher, Zugänge, sanitäre Anlagen, Wirtschaftsräume, Heizung und Gebäudezugänge (HEIMMINDESTBAU-VERORDNUNG 1978). Ein weiterer Gesichtspunkt, der berücksichtigt werden sollte, ist eine grundsätzlich barrierefreie Gestaltung von Gebäuden für Hausgemeinschaften.

Umbau

Bei einem Umbau sind meist wesentliche bauliche Gegebenheiten vorgegeben, die nur eingeschränkt verändert werden können. Dementsprechend gilt es, einen für eine Hausgemeinschaft passenden Plan zu entwickeln. Zum einen ist es wichtig, einen großen Wohn-/Essraum mit angegliederter Küche möglichst zentral zu planen. Zum anderen gilt es, Zimmer von zukünftigen Mitgliedern der Haus- bzw. Wohngemeinschaft in die Nähe des Wohn-/Essraums zu legen. Außerdem ist es günstig, Platz für Stationszimmer, Vorrats-, Abstell-, Schmutz- sowie Reinräume und Aufenthaltsräume mit einzukalkulieren. Als Ziel ist ein klar strukturierter und übersichtlicher Grundriss bei einer Hausgemeinschaft für demenziell erkrankte Menschen erstrebenswert. Praxisbeobachtungen beim Umbau zeigen, dass Schwierigkeiten durch örtliche Gegebenheiten entstehen, diese Vorgaben umzusetzen. Dort gilt es, passende Kompromisse zu finden. Dabei ist es erforderlich, Konsequenzen für Bewohner, Mitarbeiter, Organisation und Abläufe in den unterschiedlichen Bereichen Hauswirtschaft, Beschäftigung und Pflege durchzugehen, nachzuvollziehen und zu berücksichtigen. Bei diesen Fragestellungen sind Anregungen der Mitarbeiter hilfreich. Für Mitarbeiter ist das Einbeziehen in die Planung motivierend, da sie ihr späteres Arbeitsumfeld mit gestalten. Die Entstehung von Kompromisslösungen wird so für sie nachvollziehbar (GRÜNIG, 2004, S. 11).

Neubau

Bei einem Neubau sind planerisch mehr Freiheiten gegeben. Auch hier ist es hilfreich, neben den Grundrissplänen, Konzepte in den Bereichen Hauswirtschaft, Beschäftigung und Pflege zu erstellen. So kann immer wieder überprüft werden, welche Anforderungen die Konzepte der Hausgemeinschaft in den einzelnen Bereichen stellen. Sind die Räumlichkeiten dementsprechend gestaltet oder fehlt etwas? Diese Fragen können Mitarbeiter aus den unterschiedlichen Berufsgruppen Hauswirtschaft, Beschäftigung oder Pflege, die an der Konzepterstellung mitarbeiten, praxisnah beantworten. Es können Kosten eingespart werden, wenn eine Abstimmung mit den zuständigen Behörden vor Baubeginn und während des Baus stattfindet (GRÜNIG, 2004, S. 12).

Ausstattung

Bei der Ausstattung handelt es sich um die räumliche und technische Ausstattung. Es gibt bei der Gestaltung der Räumlichkeiten Unterschiede, die von den finanziellen Möglichkeiten der Träger abhängig sind. So verursachen zum Beispiel schallmindernde Wände und Decken zusätzliche Kosten, die später aber eine ruhigere Atmosphäre für die Bewohner und Mitarbeiter positiv unterstützen. Auch durch schallresorbierende Fußbodenbeläge entsteht ein ruhiges Wohnumfeld, das besonders für demenziell erkrankte Menschen eine wichtige Voraussetzung zum Wohlfühlen ist (GRÜNIG, 2004, S. 12).

Wegen häufig bei Bewohnern vorhandenen Wahrnehmungsstörungen müssen nicht nur die üblichen Anforderungen erfüllt werden (Größe, Ausstattung, Beleuchtung, Belüftung, Sauberkeit und leichter Zugang), sondern darüber hinaus sollte das ganze Umfeld klar und einfach gegliedert und eingerichtet sein. Der Fußboden sollte keine Markierungen aufweisen, die von Bewohnern mit Wahrnehmungsstörungen für Hindernisse gehalten werden könnten. Für die Gestaltung der Wände sind gedämpfte, helle Farben empfehlenswert, die möglichst einen Kontrast zu Möbeln darstellen, damit sie für die Bewohner gut wahrzunehmen sind. Durch farbliches Absetzen können Übergänge von Wand zu Boden deutlicher sichtbar gemacht werden, um bei Wahrnehmungsstörungen Entfernungen besser einschätzen zu können (ZGOLA, 1999, S. 35 – 36).

Für die Ausstattung des Wohn-/Essbereichs einer Hausgemeinschaft werden meist neue Stühle gekauft, die leicht und neutral gestaltet sind und so den Bewohnerbedürfnissen entsprechen. Es gibt sowohl Einrichtungen, die bewohnereigene Möbel in den Wohnbereich stellen als auch Einrichtungen, die neue Möbel erwerben. Bei der Möbelauswahl ist zu beachten, dass es keine Stolperfallen, zum Beispiel durch vorstehende Stuhl- oder Schrankbeine, gibt. Barrierefreiheit ist bei der kompletten Ausstattung zu berücksichtigen. Als Aktivierungsanreiz sind bewohnereigene Möbel besser geeignet, weil Menschen mit Demenz damit Erinnerungen verbinden können.

Lange Flure oder andere geschützte Flächen sind für Bewohner mit Bewegungsdrang gut geeignet, um hin und her zu wandern. Sind zum Beispiel mehrere Hausgemeinschaften durch Flure zu einem geschützten (das heißt nach außen nicht unkontrolliert zu verlassenden) Karree verbunden, so können die Bewohner immer umhergehen. Sie essen dann eventuell auch zwischendurch in einer anderen Wohngruppe. Da sie ihren Bewegungsdrang ausleben können, treten Weglauftendenzen aus der Einrichtung in geringerem Maße auf. Damit Bewohner nicht weglaufen, kann es ebenso sinnvoll sein, die Ausgangstür in Wandfarbe zu streichen. Auch helfen schwarze Balken auf dem Fußboden, da Menschen mit Wahrnehmungsstörungen denken, es handele sich um ein Loch, und nicht hinübersteigen. Es ist bei diesen Maßnahmen durch Amtsrichter oder Heimaufsicht zu prüfen, ob es sich dabei um eine freiheitsentziehende Maßnahme handelt, die richterlich genehmigt werden muss.

Im Wohn-/Essbereich sind Uhren mit Zifferblatt und große Kalender zur zeitlichen Orientierung notwendig. Dazu kann auch jahreszeitliche Dekoration gehören. Wichtig ist, die Menge der Reizangebote zu beschränken, damit es nicht zu einer Reizüberflutung kommt.

Die gesamte Ausstattung der Haus- bzw. Wohngemeinschafts-Küche ist vom gewählten Versorgungssystem abhängig. Grundsätzlich ist die Verpflegung durch Mitarbeiter in der eigenen Küche zu gewährleisten, dieses ist einzuplanen. Bei der Einrichtung einer Hausgemeinschafts-Küche ist darauf zu achten, dass die Hauptarbeitsposition der hauswirtschaftlichen Kraft/Alltagsmanagerin/Präsenzkraft in Blickrichtung von Bewohnern geplant wird. So ist auch während der Arbeit Blickkontakt mit den anwesenden Menschen möglich. Um den Bewohnern Mithilfe zu erleichtern, sind unterschiedliche Arbeitshöhen und barrierefreie Arbeitsflächen zweckmäßig. Bei der Auswahl der Küchenmöblierung sind glatte Arbeits- und Oberflächen erforderlich, die für Reinigung und Desinfektion geeignet sind. Schränke mit Auszügen sind vorzuziehen, damit für Bewohner auch die unteren Fächer zugänglich sind. Genügend Arbeitsfläche – nach Abzug der Stellfläche für Kleingeräte – ist einzukalkulieren. Die Geräte sind in der Variante „super silent" zu wählen, da sich die Geräusche bei Betrieb aller Einzelgeräte summieren. So werden Hintergrundgeräusche gering gehalten. Eine zentrale Stromabschaltung der Elektrogeräte ist hilfreich, um Unfälle mit Elektrogeräten zu vermeiden. Laut einer Empfehlung zur Umsetzung der Lebensmittelhygiene-Verordnung „sind abschließbare Kühlschränke notwendig, um eine nachteilige Beeinflussung von Lebensmitteln auszuschließen". Um diese Fragen zu klären, sind Absprachen mit den zuständigen Behörden zu treffen. Mitarbeiter bei der Planung zu beteiligen, ist zweckmäßig (GRÜNIG, et al. 2004, S. 24 – 25).

6 Personal

„Um einen Überblick über das beschäftigte Personal in Pflegeheimen und Alteneinrichtungen geben zu können, sind statistische Daten aus verschiedenen Quellen zusammengestellt worden. Die Zahl der Pflegeheime (Lfd. Nr. 2) wird im Rahmen der Pflegeversicherung aufgeführt, die Zahl der Alteneinrichtungen nach § 1 des Heimgesetzes (Lfd. Nr. 3) erhoben" (PFAU, 2004, S. 33 – 35). Ein Auszug daraus wird nachfolgend dargestellt:

Lfd. Nr.	Art der Einrichtungen/ Personal (BRD)	Zahl der					Erhebungs-jahr/Stand	Quelle
		Betriebe	Plätze	Beschäftigten				
				Insgesamt	Vollzeit	Teilzeit		
2	Pflegeheime in privater, freigemeinnütziger und öffentlicher Trägerschaft	8.859	645.456	440.940	211.544		15.12.1999	StBa 2001
3	Alteneinrichtungen in privater, freigemeinnütziger und öffentlicher Trägerschaft	8.448	716.984	k. A.			2000	StBa 2002

Tab. 2: Statistische Daten über Art und Anzahl hauswirtschaftlicher Dienstleistungsbetriebe in Deutschland (PFAU, 2004, S. 35) – Auszug

In einer Hausgemeinschaft von demenziell erkrankten Bewohnern arbeiten verschiedene Berufsgruppen wie hauswirtschaftliche Kräfte, Pflegefachkräfte und -hilfskräfte, Betreuungs- und Reinigungskräfte. Für alle Mitarbeiter ist eine akzeptierende, kongruente und wertschätzende Grundhaltung Bedingung (SCHALLER, 2003, S. 131).

Eine Einrichtung muss aus eigenem Interesse zur Sicherstellung effizienter und bewohnerorientierter Arbeiten einige Rahmenbedingungen für eine gute Arbeitsatmosphäre umsetzen. Dazu gehören:

- bewältigbare Aufgaben,
- klare Stellenbeschreibungen,
- Klärung der Zuständigkeiten,
- Anerkennung und Wertschätzung gegenüber Mitarbeitern,
- Mitgestaltungsmöglichkeiten – inhaltlich und organisatorisch,

- Weiterentwicklung durch Lernen aus Erfahrungen,
- „Burn-out-Prophylaxe" wie Mitarbeitergespräche und Supervisionsangebote,
- Qualifikations- und Weiterbildungsangebote.

„Besonders für die Pflege demenzkranker Menschen muss beim Personal Fachlichkeit, persönliche Reife und Eignung vorausgesetzt werden. Studien haben gezeigt, dass in Stationen mit gut ausgebildetem und auf die Aufgabe vorbereitetem Personal deutlich weniger zu „Hilflosigkeitsmaßnahmen" wie Sedierung und Fixierung gegriffen wird!" (MÜLLER, 1999, S. 38).

Anhand einer Stellenbeschreibung wird ein Mitarbeiterprofil definiert. Durch Schulungen kann sich Personal praxisorientiert weiterentwickeln. Reflexion über den Arbeitsprozess hilft, neue Erfahrungen in das Arbeitsverhalten zu etablieren und beugt einem Burn-out-Syndrom vor. Eine weitere wichtige Grundlage ist eine klare Aufbauorganisation (Organigramm), aus der hervorgeht, wie die Zuordnung der einzelnen Abteilungen zur gesamten Organisation ist und wie die Weisungsbefugnis geregelt ist. In der Praxis ist festzustellen, dass geklärte Verantwortlichkeiten des Personals eine reibungslose Zusammenarbeit erleichtern.

Eine wichtige Voraussetzung für die Arbeit mit demenzkranken Menschen ist die Anforderung, dass Mitarbeiter „mit dem eigenen Ich" als Werkzeug arbeiten. Das stellt eine besondere Herausforderung an sie dar. Es geht um ihre Persönlichkeit, die in der Begegnung mit demenzkranken Menschen eine Wirkung oder Nicht-Wirkung zeigt. Mitarbeiter müssen akzeptieren, dass sie von Bewohnern in eine Rolle gesteckt werden. Damit Mitarbeiter Menschen mit Demenz erreichen, müssen sie in deren Lebenswelt eintreten, also „ver-rückt sein (in einer anderen Zeit, an einem anderen Ort) mit Ver-rückten". Eine Eignung für den Umgang mit demenzkranken Menschen ist weniger vom Alter als mehr von Persönlichkeit und Akzeptanz der Bewohner durch Mitarbeiter abhängig (GRÜNIG, 2004, S. 16).

Personalorganisation

Anstatt eigene Mitarbeiter einzustellen, kann eine Einrichtung Dienstleistungen von Hauswirtschaft, Pflege, Wäscheversorgung und Reinigung extern einkaufen.

Bei der Entscheidung für eine Fremdbewirtschaftung fallen variable Personalkosten weg und werden in Fixkosten für Dienstleistungen umgewandelt. Die Verwaltung ist von der Einstellung des Personals und der Personalführung entlastet. Qualitätskontrolle und -sicherung sowie Schulung des Personals liegen in der Verantwortung des Dienstleistungsunternehmens, wobei die Einrichtungsleitung bei Beschwerden von Bewohnern und/oder deren Angehörigen in der Verantwortung steht. Dem Vorteil der Personalkostensenkung steht der Nachteil, weniger flexibel bei der Auswahl des Personals zu sein, entgegen. Ein weiterer Nachteil kann ein häufiger Wechsel des Personals sein, sofern es nicht anders vereinbart worden ist (BAUER-SÖLLNER et al., 2004, S. 310).

Einrichtungsinterne Mitarbeiter bieten den Vorteil, dass sie den Bedürfnissen der Hausgemeinschaft entsprechend ausgewählt und geschult werden können. Für Menschen mit Demenz ist es wichtig, dass Mitarbeiter ruhig und gelassen sind und Bewohner mit ihren Bedürfnissen kennen, um angemessen auf sie eingehen zu können. Ein häufiger Wechsel von Mitarbeitern führt zu Unruhe im Lebensalltag sowie Aufregung und Verwirrung der demenzerkrankten Menschen.

In der Praxis werden als Präsenzkräfte hauswirtschaftliche Kräfte, Fachhauswirtschafterinnen, Pflegefachkräfte, Altenpfleger, Sozialarbeiter und an- bzw. ungelernte Hilfskräfte eingestellt. Als Pflegefachkraft arbeiten Krankenschwestern oder Altenpfleger. Hilfskräfte, die keine fachliche Ausbildung haben und deshalb nicht alle pflegerischen Tätigkeiten ausführen dürfen, sind als Pflegehilfskräfte tätig.

In der Heimpersonalverordnung § 5 ist für Pflegekräfte eine Fachkraftquote von 50 Prozent festgelegt. Für hauswirtschaftliche Kräfte fehlt eine solche Festlegung. Sie ist auch im SGB XI nicht geregelt, ist aber für stationäre Einrichtungen, insbesondere für Hausgemeinschaftskonzepte, sinnvoll (GRÜNIG, 2004, S. 17).

Die Bremer Heimstiftung hat für ihre Einrichtungen eine Sondervereinbarung mit der Heimaufsicht getroffen, so dass hauswirtschaftlich ausgebildete Kräfte auch als Fachkräfte zählen und zur Erfüllung der Fachkraftquote beitragen (BÖTTJER, 2005).

Die notwendige Abstimmung des Personalkonzepts zeigt sich in der Zuordnung zu den einzelnen Aufgabenbereichen

Pflege, Beschäftigung und Hauswirtschaft, die bei einer Hausgemeinschaft von Bewohnern mit Demenz ineinander übergehen.

7 Pflege-Konzept

Ein Pflege-Konzept verbindet theoretische Erkenntnisse mit dem Arbeitsalltag in der Pflege. In der Prüfanleitung der Medizinischen Dienste der Krankenkassen (MDK) wird ein Pflegekonzept gefordert, das auf einer Pflegetheorie basiert (MDS e. V., 2000, S. 71). „Pflegekonzepte beziehen sich auf eine bestimmte Zielgruppe, zum Beispiel demenziell erkrankte Bewohner. Sie machen Vorgaben für eine möglichst optimale Prozessgestaltung. Äußere Rahmenstrukturen, dazu gehören die gesellschaftlichen Rahmenbedingungen (zum Beispiel Gesetze, Verordnungen, gesellschaftliche Vorstellungen), die pflegetheoretischen Vorstellungen, das berufliche Selbstverständnis der Pflegenden und die Betriebskultur, die von Zielsetzung und Philosophie einer Einrichtung abhängt, müssen berücksichtigt werden. Sie können die Gestaltung bestimmter Prozesse regeln, zum Beispiel bei Einführung einer Hausgemeinschaft in stationären Einrichtungen. So können gute Voraussetzungen für eine größtmögliche Erreichbarkeit der Ziele bei geringer Mängelquote geschaffen werden" (LÖSER, 2003, S. 16 – 19).

8 Beschäftigungs-Konzept

Anhand von Beobachtungen ist zu erkennen, dass ein Beschäftigungs-Konzept den Tagesablauf plant und verbindliche Beschäftigungszeiträume vorgibt. Es bietet verschiedene Beschäftigungen an und sorgt dafür, dass die Mitarbeiter Bescheid wissen und die Bewohner sich informieren können. Für Menschen mit Demenz bedeutet ein Beschäftigungs-Konzept Verlässlichkeit bei den regelmäßig wiederkehrenden Abläufen, denn eine Tagesstruktur bietet ihnen Orientierung. Damit wird dem früheren Lebensalltag entsprochen, bei dem Bewohner täglich verschiedene, aber häufig wiederkehrende Tätigkeiten erledigt haben. Nehmen Bewohner aktiv teil oder haben sie

Anteil, sind sie wacher und ziehen sich nicht so schnell in ihre Lebenswelt zurück. Im Verlauf der Erkrankung brauchen die demenzkranken Bewohner immer mehr Ermutigung, Anleitung und Unterstützung. In der Literatur ist deshalb auch der Begriff Betreuung zu finden.

Beschäftigungsanforderungen

Für ein passendes Beschäftigungsangebot müssen einige Anforderungen erfüllt werden (GRÜNIG, 2004, S. 26), die sich sowohl auf Bedürfnisse der Bewohner als auch auf Anforderungen an Mitarbeiter beziehen. Unterstützend beim Herausfinden interessanter Tätigkeiten für verschiedene Bewohner ist die Methode der Biografiearbeit.

„Eine biografische Grundhaltung bedeutet, Erinnerungen an frühere Erlebnisse als normalen Vorgang anzusehen. Besonders in einer krisenhaften Situation, etwa durch Krankheit, findet eine Besinnung auf frühere Geschehnisse, Ängste und Freuden statt.

Demenzkranke Menschen erinnern sich an die Zeit ihres aktiven, erlebnisreichen und kompetenten Lebens. Das Langzeitgedächtnis ist lange aktiv. Erlebnisse von früher verwischen oft die Grenzen zwischen ‚früher' und ‚heute'. Durch Biografiearbeit lernen die Mitarbeiter die Lebensgeschichte der Menschen mit Demenz kennen und nehmen sie eher in ‚ihrer Ganzheit' wahr.

Die Beschäftigungsangebote sollten an frühere Tätigkeiten anknüpfen: sich pflegen, anziehen, Haushaltstätigkeiten wie Gemüse schälen und putzen, Staubwischen, Blumenpflege, Abwaschen, Bügeln, Akten aussortieren, Auto reparieren etc. So weit als möglich sollte die ‚Vollversorgung' durch eine bedürfnisangepasste ersetzt werden" (MÜLLER, 1999, S. 46 – 47).

In einem Tagesstrukturplan werden die Tätigkeiten aufgeführt. Die Angebote können im Gruppenraum stattfinden, so dass Impulse durch eine Betreuungsperson immer wieder demenziell erkrankte Bewohner anregen können. Durch Tätigkeitsabstufungen können Anforderungen gesteigert oder vermindert werden, um sie den Bedürfnissen der Bewohner anzupassen. Wirkungsvoll ist es bei Menschen mit Demenz, den Aktivitätsgrad zu variieren. Tätigkeiten, die aus verschiedenen Arbeitsschritten bestehen, sind gut abzustufen bzw. aufzuteilen (ZGOLA, 1999, S. 39).

Eine Balance zwischen Geselligkeit und Zurückgezogenheit, Aktivität und Ruhe berücksichtigt Bedürfnisse älterer Menschen. Wichtig ist die Entscheidungsfreiheit der Bewohner, ob sie bei den Aktivitäten mitmachen oder dabeisitzen und Anteil nehmen wollen (MÜLLER, 1999, S. 59). Dies muss die Beschäftigungsstruktur einplanen. Routine und ruhige Ausstrahlung der Mitarbeiter unterstützen das Wohlbefinden der Bewohner, das durch angepasste Beschäftigungen entsteht. Ist der Tag strukturiert, bietet er nicht nur den Bewohnern Bestätigung durch die Beschäftigung, sondern auch auf die Mitarbeiter wirkt sich diese Atmosphäre aus. Bei Beobachtungen ist festzustellen, dass aktiv mit- und immer wieder umdenkende Mitarbeiter, die in einem guten Austausch mit den Kollegen sind, auch auf die Atmosphäre anregend und beruhigend wirken. Damit die Mitarbeiter so arbeiten können, brauchen sie als Orientierungsrahmen immer wieder klare Absprachen untereinander, festgelegte Verantwortlichkeiten, eine vorgeplante Beschäftigungsstruktur und motivierende Vorgesetzte (GRÜNIG, 2004, S. 26 – 27).

Beschäftigungsstruktur

Ein Tagesstrukturplan legt die offenen Angebote zu einer bestimmten Zeit fest. „Da ein Lebensumfeld für Menschen gestaltet wird, müssen sich die Abläufe in der Einrichtung nach den Bedürfnissen und Gewohnheiten der Menschen richten, nicht umgekehrt die Bewohnerinnen nach den Abläufen" (MÜLLER, 1999, S. 33).

„Dabei passt sich der Zeitplan im Tagesverlauf der wechselnden Energie der Kranken an. Die Einhaltung des Zeitplans wirkt beruhigend auf die Kranken" (ZGOLA, 1999, S. 41).

Die Verrichtung der alltäglichen Tätigkeiten wie Waschen, Sichpflegen, Ankleiden, Essen und Trinken, Toilettengänge sowie Bewegungsmöglichkeiten wie zum Beispiel Spaziergänge, Gymnastik, (Sitz-)Tanz und Musik, zum Beispiel gemeinsames Singen, wird mit einbezogen.

Beobachtungen zeigen, dass die Verlässlichkeit von Angeboten oberste Priorität hat. Menschen mit Demenz ziehen sich sonst sehr schnell in sich zurück und benötigen verstärkt Ermutigung und Unterstützung, um wieder Selbstvertrauen zu fassen und alltägliche Tätigkeiten, wie zum Beispiel selbstständig zu essen, aufzunehmen (GRÜNIG, 2004, S. 30).

Ein Beispiel für einen Tagesstrukturplan zeigt Tabelle 3. Die für die Mahlzeiten ausgewiesenen Zeitpunkte zeigen den Beginn eines jeweils ca. 1,5-stündigen Zeitraumes an.

Auch – begleitete – Spaziergänge zur Bewegung sind günstig, da sie appetitanregend wirken können. Ein Nachtcafé kann sich anbieten, wenn es viele nachtaktive Bewohner gibt. Bei allen tagesstrukturierenden Angeboten ist immer wieder anhand von Biografie, Lebensgewohnheiten und Krankheitsphasen zu beobachten und zu prüfen, ob eine Beschäftigung noch passend ist.

Um den Tagesstrukturplan zu füllen, gibt es mehrere Beschäftigungsvarianten, also Methoden, die angewendet werden können (GRÜNIG, 2004, S. 32).

Beschäftigungsvarianten

Als Beschäftigungsvarianten stehen verschiedene Methoden wie Biografiearbeit, Zehn-Minuten-Aktivierung von Ute Schmidt-Hackenberg, Validation nach Feil, Integrative Validation nach Nicole Richard, Mäeutisches Konzept nach Cora van der Kooij und Selbst-Erhaltungs-Therapie (SET) nach Barbara Romero zur Auswahl (MACIEJEWSKI et al., 2001, I/63 – 66, III/31 – 41, III/51 – 59, III/59 – 65, III/88 – 95). Weitere Angebote können Musiktherapie, basale Stimulation und Snoezelen sein (MÜLLER 1999, S. 67 – 69).

Hier wird auf **Biografiearbeit, Zehn-Minuten-Aktivierung** und **Validation** nach Feil eingegangen, da sie für den Umgang mit Demenzkranken besonders geeignet sind.

Biografiearbeit oder Erinnerungsarbeit ist eine wichtige Informationsmöglichkeit für Mitarbeiter und Angehörige, um einen besseren Zugang zu den verwirrten alten Menschen zu bekommen. Schon bei dem Aufnahmegespräch ist es wichtig, nach Lebensgewohnheiten, Vorlieben und Abneigungen, zum Beispiel beim Essen zu fragen, zu dokumentieren und an das Personal weiterzugeben. Mit Hilfe eines übernommenen oder selbst entwickelten Biografiefragebogens kann Biografiearbeit fortlaufend ergänzt werden. Die Erfahrung zeigt, dass nur erfahrene Mitarbeiter das Ausfüllen übernehmen können, da mit den Fragen sensibel umgegangen werden muss. Ziel ist es, nicht bei der Aufnahme alle Informationen für den Biografiebogen zu erhalten, sondern ihn nach und nach zu ergänzen (GRÜNIG, 2004, S. 32).

Montag	Dienstag	Mittwoch	Donnerstag	Freitag	Samstag	Sonntag
08.00 h Frühstück	08.00 h Frühstück	08.00 h Frühstück	08.00 h Frühstück	08.00 h Frühstück	08.00 h Frühstück	08.00 h Frühstück
Vorlesen aus Tageszeitung	Vorlesen aus Tageszeitung	Vorlesen aus Tageszeitung	Vorlesen aus Tageszeitung	Vorlesen aus Tageszeitung	Vorlesen aus Tageszeitung	Vorlesen aus Sonntagszeitung
10.00 h Zwischenmahlzeit	10.00 h Zwischenmahlzeit	10.00 h Zwischenmahlzeit	10.00 h Zwischenmahlzeit	10.00 h Zwischenmahlzeit	10.00 h Zwischenmahlzeit	10.00 h Zwischenmahlzeit
Möglichkeit zur Hausarbeit	Singen	Möglichkeit zur Hausarbeit	Gedächtnistraining	Möglichkeit zur Hausarbeit	Singen	Gottesdienst
11.30 h Mittagessen	11.30 h Mittagessen	11.30 h Mittagessen	11.30 h Mittagessen	11.30 h Mittagessen	11.30 h Mittagessen	11.30 h Mittagessen
Ruhepause	Ruhepause	Ruhepause	Ruhepause	Ruhepause	Ruhepause	Ruhepause
Gymnastik mit Musik	Gymnastik mit Band	Gymnastik mit Ball	Gymnastik mit Musik	Gymnastik mit Band	Gymnastik mit Ball	Gymnastik nach Bewohnerwunsch
14.30 h Kaffee	14.30 h Kaffee	14.30 h Kaffee	14.30 h Kaffee	14.30 h Kaffee	14.30 h Kaffee	14.30 h Kaffee
Spiele, sonstige Aktivitäten	Erinnerungsarbeit mit Fotos	Spiele, sonstige Aktivitäten	Biografiearbeit mit Gegenständen	Spiele, sonstige Aktivitäten	Biografiearbeit mit Themen	Spiele, sonstige Aktivitäten
17.45 h Abendessen	17.45 h Abendessen	17.45 h Abendessen	17.45 h Abendessen	17.45 h Abendessen	17.45 h Abendessen	17.45 h Abendessen
20.00 h Spätmahlzeit	20.00 h Spätmahlzeit	20.00 h Spätmahlzeit	20.00 h Spätmahlzeit	20.00h Spätmahlzeit	20.00 h Spätmahlzeit	20.00 h Spätmahlzeit

Tab. 3: Möglicher Wochenplan für eine Tagesstrukturplanung (angelehnt an GRÜNIG, 2004)

Durch das Kennenlernen der persönlichen Lebensgeschichte und der Erinnerungen lassen sich Mitarbeiter und Angehörige auf die Vergangenheit der verwirrten Menschen ein. Häufig ist dann noch Kommunikation möglich und ein Verständnis für den verwirrten Menschen kann sich entwickeln. Die Mitarbeiter erfahren etwas über die Fähigkeiten der Menschen und können sie dadurch mehr respektieren und wertschätzen (GRÜNIG, 2004, S. 32).

Die **Zehn-Minuten-Aktivierung** von Ute Schmidt-Hackenberg ist speziell für Menschen mit Demenz entwickelt worden, um sie körperlich und geistig zu aktivieren und ihre Sinne anzuregen. Dabei wird auch die Erinnerungsarbeit benutzt unter Einbeziehung der spezifischen Sozialisationsfaktoren (GRÜNIG, 2004, S. 34).

Nach Feil ist **Validation** eine „Entwicklungstheorie für sehr alte, mangelhaft/unglücklich orientierte und desorientierte Menschen, eine Methode, um ihr Verhalten einzuschätzen und eine spezifische Technik, die diesen Menschen hilft, durch individuelle Validation und Validations-Gruppen ihre Würde wiederzugewinnen" (FEIL, 1999, S. 11). Validation bedeutet im übertragenen Sinne in diesem Zusammenhang so viel wie „Wertschätzung" und umfasst, sich durch Einfühlungsvermögen in die Erlebniswelt der desorientierten Menschen hineinzuversetzen und deren Gefühle anzuerkennen. Das Verständnis, „in den Schuhen des anderen zu gehen", schafft Vertrauen. Durch Vertrauen entsteht Sicherheit und daraus Stärke. Stärke stellt das Selbstwertgefühl wieder her und verringert Stress. Die Menschen fühlen sich glücklicher, weil sie anerkannt werden. Angelehnt an Grundprinzipien der behavioristischen, analytischen und humanistischen Psychologie geht Feil davon aus, dass es für jedes Verhalten der desorientierten Menschen einen Grund gibt. Für sie ist jeder Mensch wertvoll, so wie er ist – auch desorientiert (FEIL, 1999, S. 12 – 13).

Findet eine Entscheidung für eine aktive Beschäftigungsvariante – beispielsweise nach den hier stellvertretend beschriebenen Methoden – statt, so ist es wichtig, dass die Mitarbeiter aus den verschiedenen Berufsgruppen in der gewählten Methode gemeinsam geschult werden. Für Menschen mit Demenz schafft Verlässlichkeit auf ein einheitliches Verhalten in der Umgangsform Vertrauen. Sie fühlen sich sicher und anerkannt und erhalten durch die Angebote das Gefühl, gebraucht zu werden.

Das Beschäftigungs-Konzept hat Auswirkungen auf das Hauswirtschafts-Konzept: Aktivierung der Bewohner kurz vor dem Essen bedeutet zum Beispiel, deren motorische Fähigkeiten zu stärken und ihnen so ein relativ selbstständiges Essen zu ermöglichen, da sie dann angeregt und aufnahmefähiger sind (GRÜNIG, 2004, S. 36).

9 Hauswirtschafts-Konzept

Das „Hauswirtschafts-Konzept" umfasst die Verpflegung von Bewohnern, Wäscheversorgung der Hausgemeinschaft sowie die Gestaltung und Reinigung der Hausgemeinschaftsräume. Es ist wichtig, Arbeitsabläufe zu entwickeln und Arbeitsorganisation – ggf. unter Einbeziehung der Bewohner – zu planen, um die Abläufe im Prozess flexibel zu gestalten und den Personalbedarf zu ermitteln. So wird zum Beispiel für das Frühstück ein Zeitraum von 8.00 Uhr bis 10.00 Uhr eingeplant. Es kann dann flexibel gestaltet werden, indem Bewohner ggf. nach ihren Wünschen geweckt und bei der Morgentoilette begleitet werden. Beim Frühstück gibt es immer wieder Wahlmöglichkeiten zwischen verschiedenen Getränken, Brotsorten und Brotbelägen, um die Selbstbestimmtheit der Bewohner zu fordern und zu fördern. Auch für die anderen Mahlzeiten sind Essenszeiträume einzuplanen, um auf die Bedürfnisse der demenzkranken Menschen eingehen zu können.

Ein weiterer Grund der Entwicklung von Arbeitsabläufen ist die Vernetzung mit verschiedenen Berufsgruppen, z. B. Pflegekräften, hauswirtschaftlichen Kräften und anderen Mitarbeitern. Pflegekräfte können während des Frühstücks helfen, das Essen zu reichen, sobald sie mit dem morgendlichen Pflegedurchgang fertig sind (GRÜNIG, 2004, S. 37).

Verpflegung

Einer Verpflegung von Menschen mit Demenz liegen die Anforderungen an die Ernährung älterer Menschen zugrunde. Zusätzlich müssen Auswirkungen von geistigen und körperlichen Veränderungen der einzelnen Krankheitsphasen berücksichtigt werden. Auch bei der Wahl von Verpflegungsstruktur und -varianten muss eine kontinuierliche Anpassung an den Krankheitsverlauf gewährleistet sein.

Verpflegungsanforderungen

Die Verpflegung in der Haus- bzw. Wohngemeinschaft soll eine bedarfsgerechte Ernährung sowohl mit Essen als auch Trinken sein, die sich nach den Bedürfnissen und Wünschen der Bewohner richtet. Die allgemein gültigen Ernährungsgrundsätze und Empfehlungen für ältere Menschen dienen als Orientierung für ein gesunderhaltendes Speisenangebot (BEUTING-LAMPE et al., 2004, S. 232). Es werden unterschiedliche Kostformen angeboten, wie zum Beispiel Normalkost, Diäten und pürierte Kost. In standardisierten Speisenplänen werden diese dokumentiert.

Eine Präsenzkraft/Alltagsmanagerin/hauswirtschaftliche Kraft ist die Bezugsperson in der Hausgemeinschaftsküche für die Menschen mit Demenz. Eine weitere Anforderung bei der Gestaltung von Mahlzeiten ist für Bewohner von Hausgemeinschaften die Möglichkeit, bei der Herstellung der Speisen mithelfen zu können.

Bei Verpflegungsanforderungen demenziell erkrankter Menschen kann es ein ganz breites Spektrum in der Hausgemeinschaft geben. Das Verhalten der demenziell Erkrankten kann von altersbedingten Veränderungen der Körperfunktionen, Begleiterkrankungen und Nebenwirkungen von Medikamenten abhängig sein. Alle alltäglichen Fähigkeiten werden durch die Demenzerkrankung beeinträchtigt (WOJNAR, 2004, S. 5). Beim Auftreten von motorischer Unruhe haben demenziell erkrankte Menschen einen erhöhten Energiebedarf, auch so kann es bei unzureichender Ernährung zu Mangelernährung kommen (WOJNAR, 2004, S. 10 und S. 37). Während Menschen zu Beginn der Erkrankung selbstständig essen können, brauchen sie im weiteren Verlauf der Erkrankung immer mehr Anleitung und später Hilfestellung beim Essen. Es treten fast immer Essstörungen auf, die häufig durch Veränderungen des Geschmackssinns entstehen. Die Nahrungsauswahl wird eintöniger und eine mangelhafte und unausgewogene Ernährung wird wahrscheinlicher. Als Folge kann sich eine Mangelernährung einstellen.

Deshalb ist es wichtig, zu beobachten und zu dokumentieren, was demenziell erkrankte Menschen essen und ihr Gewicht regelmäßig zu überprüfen. Das Durstgefühl nimmt mit fortschreitendem Alter ab. Flüssigkeitsmangel kann innerhalb weniger Tage akute Verwirrtheit auslösen und lebensbedrohlich werden (WOJNAR, 2004, S. 13). Deshalb ist es notwendig, auf ausreichende Flüssigkeitszufuhr zu achten und bei gefährdeten Bewohnern ein Trinkprotokoll zu führen (GRÜNIG, 2004, S. 38).

Wichtige Maßnahmen sind Beobachtung, Information der anderen Mitarbeiter und Dokumentation der Nahrungs- und Flüssigkeitsaufnahme, um möglichst schnell bei Veränderungen zu reagieren und Mangelzustände zu beheben (Medizinischer Dienst der Spitzenverbände der Krankenkassen [MDS] e. V., 2003, S. 47 – 48).

Folgende Faktoren beeinflussen die Essensaufnahme von Menschen mit Demenz:

- Hilfsmittel wie Besteck mit verstärkten Griffen oder spezielle Trinkbecher erleichtern selbstständiges Essen.
- Im Verlauf der Erkrankung treten Schluckstörungen auf.
- Harndrang lässt Bewohner unruhig werden, da sie zur Toilette gehen müssen und es nicht äußern können.
- Bewohner verweigern Nahrung, da sich niemand in der Biografie über die Essensvorlieben und -abneigungen informiert hat.
- Abweichendes Verhalten einzelner Bewohner erzeugt Unruhe.
- Eine unruhige Atmosphäre und Ablenkung durch Geräusche führen zu Unkonzentriertheit beim Essen.
- Streit unter Mitarbeitern bewirkt eine angespannte Atmosphäre.
- Lautes Unterhalten von Mitarbeitern, um einen vorhandenen Geräuschpegel zu übertönen, erzeugt unruhige Atmosphäre.
- Plötzliche Geräusche, zum Beispiel eine zuschlagende Brandschutztür, lösen Angst aus und Bewohner werden unruhig.
- Unangenehme Gerüche, zum Beispiel starker Uringeruch, lösen Ekel aus und wirken appetithemmend.
- Zugluft erzeugt Unwohlsein und Frösteln und behindert die Essensaufnahme (GRÜNIG, 2004, S. 39).

Da Menschen mit Demenz Außenreize nicht mehr filtern können, strömen alle Reize auf sie ein. Auf emotionaler Ebene nehmen sie aber alle atmosphärischen Strömungen wahr, auch Störungen. Durch den Verlust kognitiver Fähigkeiten können sie sich nicht verbal ausdrücken und reagieren mit Unruhe, Aggressivität, Appetitlosigkeit und Nahrungsverweigerung.

Demenzkranke können durch gleichzeitiges Ansprechen mehrerer Sinnesorgane auf eine Mahlzeit vorbereitet werden. So wirkt morgens frisch duftender Kaffee appetitanregend. Klappern mit Geschirr und Aufschneiden von Brötchen kann Erinnerungen wecken, die mit früheren Frühstückssituationen verbunden sind. Sie nehmen Anteil am Geschehen, haben vielleicht positive Gefühle zu dieser Erinnerung und können mit mehr Lust frühstücken.

Neben der Berücksichtigung von diesen Verpflegungsanforderungen sind zusätzlich verlässliche Verpflegungsstrukturen notwendig (GRÜNIG, 2004, S. 39 – 40).

Verpflegungsstruktur

Im Rahmen der Verpflegungsstruktur ist zum einen das Leistungsangebot der Mahlzeiten, die Zeiträume für unterschiedliche Mahlzeiten und zum anderen das Personal, das Mahlzeiten zubereitet und ggf. anreicht, zu berücksichtigen. In der Praxis sind verschiedene Lösungen zu finden.

Bei einem Verpflegungsangebot ist wichtig, dass es bewohnerorientiert und variabel ist, da Bedürfnisse Demenzkranker sich immer wieder verändern.

Ein stabiles System zur Verpflegung ist Grundvoraussetzung, denn Verpflegung muss auch ohne Mithilfe von Bewohnern gesichert sein. Die Beteiligung der Bewohner soll möglich sein, darf allerdings nicht verbindlich eingeplant werden, da Bewohner selbstbestimmt entscheiden. Mithilfe bei der Essenszubereitung ist eine Variante von mehreren Beschäftigungsangeboten. Wird die Mitarbeit der Bewohner geplant, so ist für die Präsenzkraft/Alltagsmanagerin/hauswirtschaftliche Kraft Arbeitszeit für Anleitung und Betreuung der Bewohner einzuplanen (GRÜNIG, 2004, S. 40).

Es ist grundsätzlich zu entscheiden, ob eine zentrale oder dezentrale Verpflegung eingerichtet wird. Vorteil der zentralen Verpflegung ist Wirtschaftlichkeit, Nachteil ist eine geringere Flexibilität. Bei einer dezentralen Verpflegung ist der Vorteil größere Flexibilität und nachteilig ein höherer Personalaufwand. Es gibt auch Mischformen, die zentralen Einkauf organisieren und Verpflegung in dezentralen Küchen abwickeln. Diese Kombination stellt einen Kompromiss zwischen Wirtschaftlichkeit und Flexibilität dar. Eine weitere Möglichkeit ist der Einsatz eines Caterers (GRÜNIG, 2004, S. 40).

Verpflegungsvarianten

Bei den Verpflegungsvarianten sind zentrale oder dezentrale Versorgungssysteme zu unterscheiden.

Bei einem **zentralen Versorgungssystem** findet eine Anlieferung des Essens durch eine Großküche statt. Diese kann sich im Haus einer stationären Einrichtung oder außerhalb befinden. Im letzteren Fall wird eine Warmverpflegung über Thermophoren, eine Kühl- oder Tiefkühlkostvariante angeboten, eventuell auch Cook and Chill. In Hausgemeinschaftsküchen lagert ein Tagesvorrat für Frühstück, Zwischenmahlzeiten und Abendessen. Diese Mahlzeiten werden in einer Hausgemeinschaftsküche zubereitet, deren Ausstattung dann als Teeküche mit Geschirrspülmaschine und Herd geplant werden kann.

Vorteil der zentralen Verpflegung ist Wirtschaftlichkeit auch aufgrund der Tatsache, dass Hilfskräfte Essen und Zwischenmahlzeiten verteilen sowie Frühstück und Abendessen zubereiten können.

Nachteilig bei dieser Variante ist geringere Flexibilität und die Tatsache, dass Bewohner nicht am Prozess der Speisenherstellung teilnehmen können. Gerade durch altbekannte Tätigkeiten und Sinnesreize werden jedoch bei demenziell Erkrankten Erinnerungen geweckt.

Wird ein **dezentrales Versorgungssystem** gewählt, so findet eine Speisenzubereitung in einer Hausgemeinschaftsküche statt. Bei einer dezentralen Versorgung ist der Vorteil größere Flexibilität, insbesondere bei der Gestaltung der Zwischenmahlzeiten. Es können Milchshakes oder kleine Häppchen, auch Fingerfood genannt, hergestellt werden, die als kalorienreiche Zwischenmahlzeiten dienen können, um Mangelernährung entgegenzuwirken. Bewohner können zudem mithelfen, da hauswirtschaftliche Aktivitäten trotz Beeinträchtigung ihrer alltäglichen Fähigkeiten meist noch möglich sind. Gerade durch automatisierte Tätigkeiten und bekannte Sinnesreize werden bei demenziell erkrankten Menschen Erinnerungen geweckt und ihr Selbstbewusstsein wird gestärkt. Die

Beteiligung der Bewohner muss vorgeplant werden, um Lebensmittel zu beschaffen und Hilfsmittel bereitzulegen.

Nachteilig ist, dass eine teurere hauswirtschaftliche Fachkraft eingestellt werden muss, die Bewohner anleiten kann und für die dann Arbeitszeit für Vor- und Nachbereitung sowie Anleitung eingeplant werden muss. Sind Bewohner krank oder haben keine Lust mitzuhelfen, so muss die hauswirtschaftliche Fachkraft die Verpflegung zubereiten. Um in der gegebenen Arbeitszeit Essen zuzubereiten, können Convenience-Produkte nützlich sein. Mit Hilfe eines Combi-Dämpfers können sowohl Einzelkomponenten wie Tiefkühlgemüse als auch Fertiggerichte aufbereitet werden (GRÜNIG, 2004, S. 41 – 42).

Neben der Verpflegung ist die Wäscheversorgung ein wichtiger Bereich für Bewohner, da es sich dabei um bekannte Tätigkeiten aus ihrem Lebensalltag handelt, die sie teilweise noch selbst ausführen können.

10 Wäscheversorgung

Bei der Wäscheversorgung wird unterschieden zwischen Bewohnerwäsche sowie Pflege- und Objektwäsche, Arbeitskleidung der Mitarbeiter und Reinigungstextilien. Es ist festzulegen, welche Wäsche Bewohnern zur Verfügung gestellt wird. Daraus resultierend ist der Bedarf zu ermitteln. Es müssen Ziele für den Bereich Wäscheversorgung beschrieben und ein Leistungsverzeichnis erstellt werden (BEUTING-LAMPE et al., 2004, S. 195).

Wird die Wäsche durch eine Einrichtung angeschafft, gibt es die Möglichkeit, Wäschepflege in der Einrichtung selbst durchzuführen, wobei Personal-, Kapital- und Betriebskosten berücksichtigt werden müssen. Eine andere Möglichkeit ist, Wäsche zu kaufen und die Wäschepflege an eine Fremdfirma zu vergeben. Ebenso besteht die Möglichkeit, Wäsche zu leasen. Bei Engpässen ist auch eine Kurzleihe von Wäsche möglich. Nach einem standardisierten Kostenvergleich dieser Varianten kann entschieden werden, ob eine Wäscheversorgung einrichtungsintern oder extern geregelt wird. Ziel ist es, immer ausreichend Wäsche zur Verfügung zu haben.

Bei der Wäschepflege sind einige Gesetze, Verordnungen, Normen und Richtlinien zu beachten, auf die hier nicht näher eingegangen wird (GRÜNIG, 2004, S. 42).

Um Abläufen des Lebensalltags von Bewohnern zu entsprechen, ist auch eine Waschmaschine in einer Hausgemeinschaft denkbar, damit Bewohner beteiligt werden können (GRÜNIG, 2004, S. 44).

11 Reinigung

Aufgabe der Reinigung ist es, den Nutzwert sowie den ökonomischen Wert eines Gebäudes bzw. einer Hausgemeinschaft zu erhalten. Dabei orientiert sich die Reinigung an den betriebsspezifischen Werten und Normen, die im Leitbild einer Einrichtung formuliert sind.

Ziel ist es, einen festgelegten Standard an Sauberkeit und Keimarmut zu gewährleisten und eine gewisse Ordnung beizubehalten. Das wird durch die Reinigung, Pflege und, falls erforderlich, Desinfektion aller Räume einschließlich der Sanitärausstattung, Fenster, Türen, Umgebungsflächen und Innenraumausstattung erreicht (BAUER-SÖLLNER et al., 2004, S. 302 – 303).

Ein Reinigungskonzept ist wichtig, um den einrichtungsinternen Wünschen nach Sauberkeit, den gesetzlichen Rahmenbedingungen, dem Arbeits- und Gesundheitsschutz der Mitarbeiter zu entsprechen und ein Leistungsangebot für die Bewohner vorzuhalten. Mit einem Reinigungskonzept wird meist ein Abfall- und Wertstoffentsorgungskonzept verknüpft (GRÜNIG, 2004, S. 48).

Reinigungsanforderungen

Reinigungsanforderungen ergeben sich aus unterschiedlichen Blickwinkeln.

Hygieneanforderungen sind neben den individuellen Reinigungsbedürfnissen der Bewohner und der Anpassung der Reinigungsaufgaben an den Tagesablauf in der Hausgemeinschaft zu erfüllen, um alltagsnahe und selbstbestimmte Lebensbedingungen zu schaffen. Da das Reinigungspersonal auch im individuellen Wohnbereich arbeitet, muss es die jeweilige Privatsphäre wahren. Es ist sinnvoll, so weit als möglich auf Wünsche der Bewohner einzugehen, um deren Wohlbefinden zu erhalten bzw. zu erreichen (GRÜNIG, 2004, S. 48). Auch Reinigung ist ein Bereich der hauswirtschaftlichen Tätigkeiten, den Bewohner kennen und bei dem sie sich auf Wunsch beteiligen können. Mitarbeiter im Reinigungsbereich können ebenfalls wichtige Bezugspersonen sein, deshalb kann es günstig sein, einrichtungsintern Mitarbeiter zu beschäftigen, da sie Bewohner kennen, einrichtungsspezifisch geschult werden, ins Team integriert sind und Informationen bekommen und weitergeben können (GRÜNIG, 2004, S. 49, 52).

12 Checkliste als Instrument zur Verbesserung der Organisation

Die Organisation einer Hausgemeinschaft muss immer wieder überprüft werden, um Abläufe bewohnerorientiert zu erfüllen, anzupassen und die Qualität zu sichern.

Mit Einführung des Pflege-Qualitätssicherungsgesetzes sind Einrichtungen verpflichtet, ein umfassendes einrichtungsinternes Qualitätsmanagementsystem einzuführen. Eine Hilfestellung bei Schwierigkeiten kann die nachfolgende Checkliste bieten. Sie kann ein Qualitätsmanagement unterstützen und als Instrument zur Überprüfung der vorab festgelegten Qualität dienen. Anhand der Ergebnisse aus der Checkliste können Maßnahmen festgelegt, Verbesserungen geplant und ihre Durchführung und Umsetzung überprüft werden.

Tab. 4: Checkliste zur Überprüfung der Organisation von Hausgemeinschaften

Struktur	
Ist die äußere Erscheinung der Hausgemeinschaft freundlich und einladend (z. B. Farben, Licht, Duft etc.)?	
Entspricht die Ausstattung wie Schallisolierung bei Wänden, Decken und Fußböden, Fußbodenbelägen sowie Farbgebung und Beleuchtung den Aspekten der Vermeidung irritierender Reize?	
Kommt ein Assessment-Verfahren zum Einsatz, mit dem der Grad der Demenz bei Aufnahme eingeschätzt werden kann und das zur Planung der individuellen Maßnahmen geeignet ist? Welches?	
Wird ein Assessment-Verfahren genutzt, nach dem Mitarbeiter für Hausgemeinschaften ausgewählt werden? Welches?	
Gibt es Stellenbeschreibungen für Pflegekräfte, Präsenzkräfte und Betreuungspersonal in der Hausgemeinschaft?	
Gibt es eine geregelte Kommunikation zwischen den verschiedenen Berufsgruppen zur Organisation der Abläufe und Schnittstellen etc.? Wie sind die Verantwortlichkeiten festgelegt?	
Gibt es regelmäßige fachübergreifende Gespräche, um Beobachtungen an und Veränderungen von Bewohnern weiterzugeben und gemeinsame Maßnahmen zu planen?	
Gibt es einen detaillierten Tagesstrukturplan?	
Besteht ein Fortbildungsplan, in dem kontinuierlich über das Thema Demenz diskutiert und eine fachliche Weiterbildung der Mitarbeiter sichergestellt wird?	
Gibt es Maßnahmen zur Teambildung? Welche?	
Liegt ein hauswirtschaftliches Betreuungskonzept vor, das sich auf die Beteiligung der Bewohner an Aufgaben in der Hausgemeinschaft bezieht?	
Liegt eine individuelle Planung zur Nahrungs- und Flüssigkeitsaufnahme vor?	

Prozess	
Wird Biografiearbeit als kontinuierliche Informationssammlung eingesetzt, um Ursachen von auffälligem Verhalten bzw. Aspekte des Wohlfühlens bei Bewohnern zu klären, z. B. Klärung von Abnahme, Vorlieben beim Essen?	
Werden im Rahmen der täglichen Aktivitäten neue Erkenntnisse zum Leben der Bewohner gesammelt und in die Biografiearbeit eingebracht?	
Wird die Pflegeprozessplanung in regelmäßigen Abständen angepasst?	
Wird der Tagesstrukturplan kontinuierlich überprüft, weiterentwickelt und seine Durchführung dokumentiert?	
Wie werden Bewohner zu Aktivitäten eingeladen und zum Mitmachen motiviert?	
Setzen Mitarbeiter sich zu den Mahlzeiten zu den Bewohnern (nicht nur zum Essen anreichen)?	
Werden Hilfsmittel eingesetzt, um die Selbstständigkeit der Bewohner zu fördern?	
Nehmen externe Mitarbeiter (z. B. Reinigungskräfte, technischer Dienst) auf die Bedürfnisse der Bewohner Rücksicht? Bestehen mit den externen Dienstleistern Absprachen zur Beteiligung der Bewohner?	
Finden Besucher eine zentrale Anlaufstelle und werden ihre Wünsche dort freundlich entgegengenommen und weitergeleitet?	
Besteht ein Konzept für die Einbindung von Fähigkeiten und Kompetenzen der Angehörigen?	
Wird die Nahrungs- und Flüssigkeitsaufnahme im Prozess beobachtet und dokumentiert?	

Ergebnis	
Wie wird die Zufriedenheit der demenziell erkrankten Bewohner ermittelt?	
Wie wird die Zufriedenheit der Mitarbeiter ermittelt?	
Ist die Pflegeprozessplanung aussagefähig?	
Können Mitarbeiter sich empathisch auf die momentane Lebenswelt der demenziell Erkrankten einstellen?	
Ist in der Hausgemeinschaft zu erkennen, dass das oberste Ziel Wohnlichkeit, Aktivierung und Beteiligung ist?	
Werden Hygienevorschriften eingehalten und erfüllt?	
Ist die Atmosphäre in der Hausgemeinschaft gemütlich und einladend?	
Welche Konsequenzen werden aus nicht erreichten Zielen gezogen?	

Quellenverzeichnis

Bücher:

Bauer-Söllner, B./Sobotka M./Steinel M.: *Eigen- oder Fremdbewirtschaftung. In: Management des hauswirtschaftlichen Dienstleistungsbetriebs. Fachausschuss Großhaushalt der Deutschen Gesellschaft für Hauswirtschaft (Hrsg.). München 2004*

Beuting-Lampe, K./Klöber, M. CH./Klöber, R.: *Erfolg ist planbar. Qualitätsmanagement für hauswirtschaftliche Führungskräfte. München 2004*

Bottler, J.: *Betriebsmanagement. In: Management des hauswirtschaftlichen Dienstleistungsbetriebs. Fachausschuss Großhaushalt der Deutschen Gesellschaft für Hauswirtschaft (Hrsg.). München 2004*

Feil, N.: *Ein Weg zum Verständnis verwirrter älterer Menschen. München 1999*

Grünig, U./Keusen, D./Leicht-Eckardt, E./Schorn, S.: *Heim aktuell Teil V, 2. Hausgemeinschafts-Küchen aus planerischer Sicht. Hannover 2004*

Grünig, U.: *Organisation von Hausgemeinschaften in stationären Einrichtungen in Theorie und Praxis. Diplomarbeit, Fachhochschule Osnabrück. 2004*

Löser, A. P.: *Pflegekonzepte nach Monika Krohwinkel. Hannover 2003*

Maciejewski, B./Sowinski, Ch./Besselmann, K./Rückert, W.: *Qualitätshandbuch Leben mit Demenz. Köln 2001*

MDS e. V.: *Grundsatzstellungnahme, Ernährung und Flüssigkeitsversorgung älterer Menschen. Essen 2003*

Müller, D.: *Konzept zur Betreuung demenzkranker Menschen KDA. Köln 1999*

Pfau, C.: *Der hauswirtschaftliche Dienstleistungsbetrieb im Spiegel der Statistik. In: Management des hauswirtschaftlichen Dienstleistungsbetriebs. Fachausschuss Großhaushalt der Deutschen Gesellschaft für Hauswirtschaft (Hrsg.). München 2004*

Schaller, A.: *Umgang mit chronisch verwirrten Menschen. Hannover 2003*

Supe, V./Kröger, Ch./Hartmann, Ch.: *Die Entwicklung eines Betreuungskonzeptes für demenziell erkrankte Bewohner. Münster 2002*

Wojnar, J.: *Ernährung in der häuslichen Pflege Demenzkranker. Berlin 2004*

Winter, H.-P./Gennrich, R./Hass, P.: *Hausgemeinschaften – Die 4. Generation des Altenpflegeheimbaus. Köln 2000*

Zgola, J. M.: *Etwas tun! Bern 1999*

Internet:

Duden: *Wohngemeinschaft. In: Das große Wörterbuch der deutschen Sprache. Aktualisierte Online-Ausgabe. Mannheim, Leipzig, Wien, Zürich. 1999 – 2004. 10.10.2005*

Heimmindestbau-Verordnung: *BGBII (Hrsg.). Verordnung über bauliche Mindestanforderungen für Altenheime, Altenwohnheime und Pflegeheime für Volljährige vom 27. Januar 1978. Berlin 2003*
http://bundesrecht.juris.de/bundesrecht/heimmindbauv/ 08.10.2005

MDS e. V.: *MDK-Anleitung zur Prüfung der Qualität nach SGB XI in der stationären Pflege. Essen 2000.*
http://www.vincentz.net/download/MDK-Anleitung-stat-07062000.pdf 15.10.2005

Sonstiges:

Böttjer, M.: *Gesprächsprotokoll zum Thema „Präsenzkräfte". Ausschusssitzung Berufsverband Hauswirtschaft vom 24.09.2005. Frankfurt a. M. 2005*

Altenpflegemesse: *Preisverleihung „Küche Aktiv"-Preis – „Innovative Verpflegungskonzepte für Demenzkranke". Nürnberg 13.04.2005*

Ulrike Grünig

Schnittstellenmanagement: Nahtstelle Hauswirtschaft – Pflege

1 Einleitung

In einer Hausgemeinschaft, die bewohnerorientiert arbeitet, kommt es zu Überlappungen von Tätigkeiten verschiedener Berufsgruppen, wie Beschäftigung, Hauswirtschaft, Pflege, Reinigung und Wäscheversorgung. Diese werden Schnitt- oder Nahtstellen genannt. In der Praxis ist zu beobachten, dass fehlende Absprachen an Schnittstellen zu Konflikten führen, die einen optimalen Personaleinsatz sowie eine ruhige Atmosphäre für demenziell erkrankte Bewohnerinnen und Bewohner verhindern. Gerade an diesen Stellen ist die Zusammenarbeit zu regeln. Ein Ineinandergreifen der verschiedenen Aufgabenbereiche erfordert von Mitarbeitern Klärung, Abstimmung und Festlegung von Verantwortlichkeiten im Schnittstellenbereich, Kommunikationsbereitschaft und kontinuierliche Dokumentation. Orientierung bietet ein gemeinsames Ziel wie zum Beispiel Zufriedenheit und Wohlbefinden der Bewohnerinnen und Bewohner. Überlappungen der Tätigkeiten spiegeln sich bezogen auf Personal, Bewohner und Angehörige wider. Dies macht die Wichtigkeit und Auswirkungen klarer Absprachen von verschiedenen Standpunkten aus deutlich (GRÜNIG, 2004, S. 66 – 67).

2 Personalbezogen

Das Ziel des Schnittstellenmanagements, bezogen auf das Personal, ist es eine gute Zusammenarbeit der verschiedenen Berufsgruppen bei ineinander greifenden Tätigkeiten zu erreichen. Dazu bedarf es einer anderen Organisationsstruktur als der bisher bekannten sowohl von Pflege als auch von Hauswirtschaft, Betreuungspersonal und Reinigungskräften. In der Hausgemeinschaft ist ein teamorientiertes Denken gefordert, das heißt, es wird auch fachübergreifend gearbeitet.

„Wenn beispielsweise eine Bewohnerin beim Essen etwas auf den Boden fallen lässt, dann darf sich für Mitarbeiterinnen nicht die Frage stellen, ob das ‚sich kümmern' nun in den eigenen Aufgabenbereich fällt. Im Vordergrund sollte das Ziel der Reinhaltung des Lebensbereiches jeder Bewohnerin und jedes Bewohners stehen. Es wird deutlich, dass die Bedürfnisse der Bewohner und Bewohnerinnen die Basis für eine fundierte Schnittstellenkonzeption bilden müssen" (KNÄPPLE et al., 2000, S. 10).

Menschen mit Demenz erhalten durch eine Tagesstruktur Orientierung. Für sie ist es besonders wichtig, dass Mitarbeiter als gemeinsames Ziel einen vorgeplanten Tagesablauf einhalten. Das erzeugt eine ruhige und verlässliche Atmosphäre für die Bewohner.

Mitarbeiter müssen in ihrem Beruf kompetent sein und an Schnitt- bzw. Nahtstellen ggf. auch spontan fachfremde Tätigkeiten übernehmen.

Festlegung der Verantwortlichkeiten

„Bei der Zuordnung von Tätigkeiten im Schnittstellenbereich ist es wichtig, die gemeinsame Verantwortlichkeit und die gemeinsamen Ziele von Mitarbeitern verschiedener Bereiche zu betonen, denn nur ein solches Verständnis gewährleistet die reibungslose Erledigung auch situativer Aufgaben" (KNÄPPLE et al., 2000, S. 10).

Anhand des Tagesablaufs in der Hausgemeinschaft ist nachzuvollziehen, wann die unterschiedlichen Berufsgruppen zusammenarbeiten. Diese Schnittstellen sind zu definieren und in einem Schnittstellenkonzept erfolgt die Zuordnung der Tätigkeiten zu den verschiedenen Berufsgruppen. Bei einer Zusammenarbeit muss die Aufgabenverteilung geklärt sein. Es können Aufgabenbereiche festgelegt werden, die nur von einer Berufsgruppe erledigt werden, zum Beispiel Behandlungspflege von Pflegekräften und Essenszubereitung von hauswirtschaftlichen Kräften. Andere Tätigkeiten, zum Beispiel Speisenverteilung und Service, können mehreren Berufsgruppen zugeordnet werden.

Tabelle 1 zeigt einige Beispiele für dezentrale bzw. zentrale Organisation und Tätigkeiten, die nur einer oder mehreren Berufsgruppen zugeordnet werden.

Tätigkeit	zentral	dezentral in der Hausgemeinschaft		
		Pflege	Hauswirtschaft	Betreuung
Vor- und Zubereitung der Mittagsmahlzeit			✖	
Bereitstellung der Lebensmittel für die Wohnbereiche	✖			
Getränke verteilen und anreichen		✖	✖	✖
Toilettengang		✖		
Einzelportionierung des Essens			✖	
Speisenverteilung und Service		✖	✖	✖

Tab. 1: Schnittstellenmatrix-Verantwortlichkeiten (in Anlehnung an KNÄPPLE et al., 2000, S. 25)

Neben geklärten Verantwortlichkeiten wirkt auch Kommunikation für die Koordination von Schnittstellen unterstützend.

Kommunikation

Damit Kommunikation gelingen kann, sind einige Voraussetzungen wesentlich. Die folgenden Punkte wurden von einer Konzeptgruppe zusammengestellt:

Ein von Akzeptanz und gegenseitiger Wertschätzung geprägter Umgangston schafft eine vertrauensvolle und angenehme Atmosphäre für das Personal.

Regelmäßige fachübergreifende Dienstbesprechungen und tägliche Übergabegespräche ermöglichen einen Austausch, um den Informationsfluss zu sichern. Regeln für die Informationsweitergabe erleichtern die Durchführung. Klare Absprachen und eindeutige Kompetenzverteilung bewirken Handlungssicherheit für die Mitarbeiter. Das Geben von Rückmeldungen führt zur Weiterentwicklung. Durch offenes Ansprechen von Problemen und gemeinsame Lösungssuche wird „Teamgeist" gefördert. Für ein Team ist es wichtig, über Gefühle – auch negative wie Wut, Aggression, Hilflosigkeit – zu sprechen, um durch den Austausch neue Ideen und Handlungsmöglichkeiten zu erhalten (MÜLLER, 1999, S. 37).

Durch die Teilnahme der Mitarbeiterinnen und Mitarbeiter an Mahlzeiten wird ein „familiärer Lebensalltag" erreicht und Gespräche mit Bewohnerinnen und Bewohnern angeregt.

Mitarbeiterinnen und Mitarbeiter brauchen ein gutes Arbeitsklima, um demenzkranken Menschen immer wieder ruhig und geduldig zu begegnen. Um auch während der aktuellen Arbeit auf zurückliegende Informationen zurückgreifen zu können, ist eine kontinuierliche Dokumentation notwendig.

Dokumentation

Dokumentation wird im Pflege-Qualitätssicherungsgesetz gefordert. Sie macht die Pflegeplanung und durchgeführten Maßnahmen transparent und dient den Mitarbeitern der verschiedenen Berufsgruppen als Informationsquelle. Durch das kontinuierliche Dokumentieren kann ein Verlauf, zum Beispiel bei einer Gewichtskontrolle wegen Gefahr einer Mangelernährung, nachvollzogen werden. „Eine modern geführte Dokumentation spiegelt nicht nur die Pflegeplanung aus ganzheitlicher und umfassender Sicht wider, sondern auch alle biografischen Äußerungen über den Betroffenen sowie die Auseinandersetzung mit geragogischer Arbeit" (SCHALLER, 2003, S. 62 – 63).

Einfache und klare Aussagen und Wünsche aus Sicht des Bewohners wie auch Beobachtungen zu seinem Verhalten und seinen Fähigkeiten machen eine Entwicklung nachvollziehbar. Sie geben Anweisungen, welche Hilfestellungen der Mensch mit Demenz benötigt und wie sie durchzuführen sind. Entwicklungen der Krankheit werden über einen längeren Dokumentationszeitraum erkennbar.

Personalbedarf

Der quantitative und qualitative Personalbedarf ist von dem Gesamtkonzept der Hausgemeinschaft, der Entscheidung für Eigen- oder Fremdbewirtschaftung und dem zur Verfügung stehenden Budget abhängig. Außerdem müssen die rechtlichen Vorgaben der Heimpersonalverordnung § 5, die für Pflegekräfte eine Fachkraftquote von 50 Prozent vorschreiben, eingehalten werden. Für den quantitativen Personalbedarf ist eine Planbesetzung pro Tag zum Beispiel für pflegerische Tätigkeiten in Stunden zu ermitteln. Dabei wird in mehreren Schritten vorgegangen. Zuerst werden alle durchzuführenden pflegerischen Aufgaben notiert. Im nächsten Schritt wird die Zeitstruktur der anfallenden Tätigkeiten erfasst. Günstig ist es, die anfallenden Tätigkeiten pro Arbeitstag mit vorgesehenen Zeiträumen tabellarisch festzuhalten. Daraus lässt sich ein Profil der benötigten Pflegekräfte im Verlauf eines Arbeitstages erstellen. Anschließend wird die gewünschte Planbesetzung bezogen auf Jahresarbeitsstunden hochgerechnet.

Dieser errechnete Bedarf wird mit dem zur Verfügung stehenden Stundenkontingent für Pflege laut Heimentgelt verglichen.

Mit der Berechnung stellt sich dar, ob das Stundenkontingent der Pflege voll oder teilweise ausgeschöpft ist oder ein Defizit an Arbeitsstunden besteht. Ein Überhang der Stundenkontingente im Pflegebereich kann beispielsweise an hauswirtschaftliche Kräfte für Tätigkeiten im Schnittstellenbereich abgegeben werden.

Die gleiche Berechnung wird für die anderen Berufsgruppen erstellt, woraus letztendlich ein Anwesenheitsprofil der Mitarbeiter in der Hausgemeinschaft resultiert. Günstig ist es, wenn alle Bereiche Überhänge an Stundenkontingenten haben, die sie für den Schnittstellenbereich einsetzen können, um Planbesetzungen von verschiedenen Bereichen zu verknüpfen. Besteht ein Defizit an Stunden, so ist zu überprüfen, wo es Einsparpotenziale gibt. Nach dem quantitativen Personalbedarf ist der qualitative Bedarf zu bedenken. Für Pflegekräfte ist die Fachkraftquote von 50 Prozent in der Heimpersonalverordnung § 5 geregelt. Für die Bezugsperson/Alltagsmanager in Hausgemeinschaften sind hauswirtschaftliche und sozialpflegerische Qualifikationen vorteilhaft, jedoch bisher nicht festgeschrieben (KNÄPPLE et al., 2000, S. 26 – 34).

Abhängig vom Versorgungskonzept – zentral oder dezentral – sind die Anforderungen an die hauswirtschaftlichen Kräfte.

Ist die Entscheidung für eine dezentrale Versorgung mit Betreuung durch Alltagsmanager gefallen, so wird entsprechend dem gewählten Versorgungskonzept Personal benötigt. Werden in der Hausgemeinschaftsküche Speisen frisch zubereitet, so sind Fachkenntnisse und eine hauswirtschaftliche Fachkraft erforderlich. Fällt die Entscheidung jedoch für ein Versorgungssystem mit einem hohen Conveniencegrad der Lebensmittel oder findet eine zentrale Versorgung statt, so können angelernte Hilfskräfte oder geschulte Pflegekräfte die Zubereitung der Mahlzeiten übernehmen.

Bei den Leitungsstrukturen von Hausgemeinschaften besteht die Möglichkeit, Alltagsmanager entweder der Hauswirtschaftsleitung oder der Wohnbereichsleitung zu unterstellen. Dies ist einrichtungsspezifisch zu klären (GRÜNIG, 2004, S. 71).

3 Bewohnerbezogen

Eine klar geregelte Zusammenarbeit mit dem Ziel, die Bedürfnisse und Wünsche der Bewohnerinnen und Bewohner zu erfüllen, wirkt beruhigend auf die Atmosphäre in der Hausgemeinschaft und auf die Bewohner. Unterstützend wirken eine Festlegung von Verantwortlichkeiten, Kenntnisse über Kommunikation mit demenziell erkrankten Menschen, kontinuierliche Dokumentation und eine Anpassung des Personalbedarfs.

Festlegung der Verantwortlichkeiten
Durch Absprachen der verschiedenen Berufsgruppen können Tätigkeiten im Schnittstellenbereich ineinander greifen und einen reibungslosen Ablauf gewährleisten. Bewohner können sich besser orientieren, da sie kontinuierlich die gleiche Bezugsperson haben. Alltagsmanager sind Bezugspersonen, die verlässlich in der Hausgemeinschaftsküche anzutreffen sind. Bezogen auf Mitarbeiter bringt es den Vorteil, dass sie während eines gesamten Arbeitstages einen Verlauf bei der Beobachtung von Bewohnern erkennen können. Wird die Bereichspflege eingesetzt, so sind Pflegekräfte nur für eine begrenzte Zahl von Bewohnern verantwortlich und ein Überblick ist leichter zu behalten. Nachteilig ist, wenn ein Bewohner einen für sich unangenehmen Menschen in dem Mitarbeiter sieht. Er ist den gesamten Arbeitstag auf ihn angewiesen. In einem solchen Fall bietet es sich an, die Verantwortlichkeiten zu tauschen, damit die Störung beseitigt und Kommunikation wieder möglich wird (GRÜNIG, 2004, S. 71 – 72).

Kommunikation

Mit fortschreitender demenzieller Erkrankung wird die Kommunikation schwieriger, da Wortfindungsstörungen sowie Verständnisschwierigkeiten auftreten. Da jeder Mensch und seine Demenz verschieden ist, hilft bei Kommunikationsschwierigkeiten die Methode „Versuch und Irrtum". Damit kann herausgefunden werden, mit welchem Ansatz eine ganz bestimmte Person in einer ganz bestimmten Situation erreicht werden kann. Die Menschen mit Demenz merken nicht, dass sie etwas vergessen. Werden sie von Pflege- und Betreuungskräften ständig ermahnt, so macht es sie wütend, regt sie auf und sie werden verzweifelt und entnervt. Bei Kommunikationsschwierigkeiten gilt es herauszufinden, warum ein Mensch mit Demenz etwas tut. Sobald der Grund bekannt ist, lässt sich einfacher darauf reagieren. Eine weitere Methode heißt: „Handle nach dem Motto A-B-C". Sie ist hilfreich bei einem behutsamen Umgang mit demenziell erkrankten Menschen.

A ➪ Vermeide Konfrontation
Pflegekräfte können unverbindliche Aussagen wie „Ach, wirklich?" oder „Ich weiß nicht" gebrauchen, um den Bewohner nicht korrigieren zu müssen.

B ➪ Handle zweckmäßig
Vorausschauendes Denken kann helfen, kritische Situationen, die sich anbahnen, zu vermeiden.

C ➪ Formuliere die Gefühle des Klienten und spende ihm Trost.
Wenn ein demenziell erkrankter Mensch schimpft oder aufgeregt ist, sollten seine Gefühle angesprochen werden, damit kann er sich verstanden fühlen und sich beruhigen (POWELL, 2002, S. 21 – 23).

Zum leichteren Erkennen der Mitarbeiter kann zum Beispiel ein Kittel Signalfunktion für Menschen mit Demenz haben, da sie ihn aus früheren Lebensbezügen kennen.

In den fortgeschrittenen Stadien der Erkrankung ist verbale Kommunikation nicht mehr möglich, dann wird die Beobachtung und Interpretation von nonverbaler Kommunikation wichtig (POWELL, 2002, S. 84).

Dokumentation

Für die Dokumentation müssen einfache, klare Formulierungen gewählt werden, um Beobachtungen zu beschreiben.

Folgende Punkte sind bei einer Dokumentation zu berücksichtigen:

- Es ist besser, Beobachtungen als Interpretationen zu notieren, nicht „Herr X. ist aggressiv", sondern „Herr X. schimpft heute Morgen und sagt:....",
- Verhalten beschreiben und nicht bewerten, zum Beispiel: „Frau X. ist unruhig und läuft immer wieder auf und ab."
- Wörtliche Rede und Zitate lassen sich gut einsetzen, zum Beispiel: Frau X. sagte heute Morgen: „Immer schlafe ich so schlecht! – Mein Mann schnarcht so!"
- Verläufe sollen sichtbar werden, zum Beispiel: „Frau Z. hat heute morgen erbrochen. Was sagt sie morgen? – Verträgt sie wieder normale Kost"? (TANGEN, 2004, S. 2)

Personalbedarf

Je nach den krankheitsbedingten Veränderungen ist es notwendig, den Personalbedarf anzupassen, um der Forderung nachzukommen, die Bedürfnisse und Wünsche der Bewohner zu erfüllen. Wenn die Krankheit weiter fortschreitet, brauchen Bewohner zuerst Anleitung, in der nächsten Phase Unterstützung und zum Schluss Übernahme der Tätigkeiten. In einer Einrichtung, bei der eine Beobachtung durchgeführt wird, beschreibt die Einrichtungsleitung, dass alle zwei bis drei Monate oder im Bedarfsfall Pflegestufen in Bezug auf Betreuungsaufwand und Verhältniszahlen von Mitarbeitern überprüft werden. So kann sie die Zahl der Mitarbeiter auf den Betreuungsbedarf abstimmen. Durch die Einführung von Arbeitszeitkonten besteht die Möglichkeit, flexibel zu reagieren. Bei einer Senkung des Betreuungsaufwandes können Mitarbeiter frei bekommen oder sogar Minusstunden aufbauen. Bei Erhöhung des Betreuungsaufwandes oder einem krankheitsbedingten Engpass arbeiten Mitarbeiter motiviert mit, da sie wissen, dass es notwendig ist und sie frei bekommen, sobald es möglich ist. Durch diese Maßnahme ist die Mitarbeiterzufriedenheit gestiegen. Motivierte und zufriedene Mitarbeiter können

Angehörige besser mit einbeziehen (GRÜNIG, 2004, S. 73 – 74).

4 Angehörigenbezogen

Angehörige sind wichtige Kooperationspartner für Mitarbeiter der Hausgemeinschaft, da sie den Bewohner kennen und Bezug zu dem früheren sozialen Umfeld der demenziell erkrankten Menschen haben. „Mitarbeiter und Angehörige müssen in Kontakt kommen, um einander zu verstehen und sich gegenseitig wirksam unterstützen zu können" (MÜLLER, 1999, S. 34).

Für Bewohnerinnen und Bewohner ist es wichtig, dass Angehörige verlässlich sind und kontinuierlich mitarbeiten. Es ist immer zu bedenken, dass es auch Unstimmigkeiten zwischen Angehörigen und Bewohnern geben kann. Dabei können Konflikte aus der Lebensgeschichte wieder aufleben, zum Beispiel Mutter-Tochter-Konflikt. Hierbei kann es zu einer Machtumkehr kommen. Wenn solche Probleme bestehen, können sie in eine Hausgemeinschaft hineingetragen werden (GRÜNIG, 2004, S. 74).

Festlegung der Verantwortlichkeiten

Aufgaben, die Angehörige ausführen können, sind festzulegen. Wenn sie es wünschen und es möglich ist, können sie in Pflege und Betreuung eingebunden werden. Hilfreich ist die Übernahme von regelmäßigen Aufgaben, wie zum Beispiel Spazierengehen, zweimal pro Woche von 16 bis 18 Uhr, Mithilfe bei der Vorbereitung von Festen. Bei Pflegemaßnahmen, die sie durchführen dürfen, sind Angehörige von den Mitarbeitern anzuleiten, damit die Maßnahmen für Bewohner gleich bleibend umgesetzt werden. Das Festlegen von Verantwortlichkeiten trifft auch auf den Wunsch der Angehörigen, Distanz zu wahren, zu. Dabei ist es wichtig, keinen Zwang gegenüber den Angehörigen auszuüben, sondern immer wieder die Freiwilligkeit für übernommene Tätigkeiten zu betonen. Schuldprobleme, die Angehörige gegenüber ihren Verwandten empfinden können, gilt es zu berücksichtigen. Verlassen Angehörige mit Bewohnerinnen oder Bewohnern die Hausgemeinschaft, so sind Mitarbeiter zu informieren, da einige Menschen mit Demenz Weglauftendenzen haben (GRÜNIG, 2004, S. 74 – 75).

Kommunikation

Angehörige können bereits im Vorfeld sowohl organisatorische als auch inhaltliche Informationen über die Einrichtung erhalten. So erfahren sie, nach welchem Konzept die Menschen mit Demenz betreut werden. Schon beim Aufnahmegespräch können sie Fragen zum Verlauf der Erkrankung, dem Tagesablauf, Gewohnheiten sowie Vorlieben und Abneigungen des neuen Bewohners beantworten.

Sie haben die Möglichkeit, bei der Erstellung der Biografie mitzuarbeiten und Erinnerungsgegenstände mitzubringen. Angehörige erhalten Informationen über das Krankheitsbild Demenz, Abläufe in der Einrichtung, Ansprechpartner und mögliche Probleme.

Sie können an gemeinsamen Mahlzeiten teilnehmen, um in die Hausgemeinschaft integriert zu werden. Wichtig ist, schon bei der Planung zu bedenken, dass zusätzliche Stühle für Besucher angeschafft werden, damit Angehörige sich willkommen fühlen.

Bei Unzufriedenheit der Angehörigen ist es sinnvoll, sie möglichst frühzeitig anzusprechen. Mitarbeiter stehen bei Problemen mit den Bewohnern für ein Gespräch zur Verfügung (MÜLLER, 1999, S. 34).

Veränderungen von Bewohnerinnen und Bewohnern sind den Angehörigen von Mitarbeiterinnen oder Mitarbeitern und umgekehrt weiterzugeben, um vorbereitet zu sein und entsprechend reagieren zu können. Absprachen von Angehörigen und Mitarbeitern sind notwendig, da das Befinden der Bewohner jeden Tag anders sein kann.

Dokumentation

Angehörige sind wichtige Informanten beim Ausfüllen des Biografiebogens. Es ist jedoch zu bedenken, dass sie über einen anderen Menschen schreiben und Sichtweisen unterschiedlich sein können. Sinnvoll ist es, Angehörige zu bitten, aus Sicht der demenziell erkrankten Person über ihr Leben zu berichten. So findet eine Annäherung an die Person statt. Es gibt aus Bewohnersicht auch unbeliebte Angehörige. Durch Mithilfe von Angehörigen kann es möglich sein, die Biografiearbeit zu erweitern. Wenn Angehörige regelmäßig Aufgaben übernehmen, können sie auch Veränderungen bei Bewohnern beobachten und mitteilen. Diese können für die Dokumentation nützlich sein, wenn sie Verhalten beschreiben, Beobachtungen oder Aussagen von Menschen mit Demenz wiedergeben. Auch bei der Sicherstellung von Nahrungs- und Flüssigkeitsaufnahme müssen Daten weitergegeben werden, da bestimmte Maßnahmen der Pflege im Interesse des Bewohners lückenlos dargestellt werden müssen (GRÜNIG, 2004, S. 75 – 76).

Personalbedarf

Idealerweise sprechen Mitarbeiter Angehörige, die in die Hausgemeinschaft kommen, an, geben ihnen Informationen über die Hausgemeinschaft und bieten ihnen Hilfe bei Fragen, Problemen oder Gesprächsbedarf an. Hilfreich sind Erklärungen zu auffälligen Verhaltensweisen von Bewohnerinnen und Bewohnern und dem Umgang mit ihnen. Ungewöhnliches Verhalten verunsichert Angehörige anfangs und verursacht Unwohlsein, Menschen mit Demenz spüren das und reagieren unterschiedlich darauf. Ein Beratungsangebot des Sozialdienstes kann Unterstützung zu unterschiedlichen Fragestellungen bieten.

Leitungskräfte sind für Gespräche mit Angehörigen verantwortlich, da Mitarbeiter im Arbeitsalltag eventuell zu emotional reagieren und nicht sensibel auf sie eingehen können.

Angehörigengesprächskreise können zum Austausch außerhalb von Hausgemeinschaften dienen. Hier finden sie Menschen in ähnlichen Lebenssituationen, die sie verstehen, mit ihnen mitfühlen, Fragen beantworten und mit ihnen Probleme besprechen. Diese Gruppen können von der Einrichtung oder in Kooperation mit anderen Institutionen und Vereinen angeboten werden (GRÜNIG, 2004, S. 76).

Monika Böttjer/Stefan Loch

Weiterbildungskonzepte für hauswirtschaftliche Mitarbeiterinnen und Mitarbeiter in Hausgemeinschaften/ Wohnküchen/Wohngemeinschaften

1 Einleitung

Konzeptionelle Veränderungen in der Altenpflege sind keine einfache Aufgabe. Dies gilt auch für die Einführung von Hausgemeinschaften mit dem Ziel, demenziell erkrankten Menschen ein möglichst alltagsnahes Leben zu gewährleisten. Dies führt zwangsläufig zu Veränderungen in den personellen Strukturen und internen Abläufen von Einrichtungen. Den Hausgemeinschaftsgedanken in den eigenen Häusern umzusetzen, haben sich auch die Bremer Heimstiftung (BHS) und die Bremer Dienstleistungs-Service GmbH (BDS) zum Ziel gesetzt, insbesondere aufgrund der positiven Erfahrungen, die im Pflege-Centrum des Stiftungsdorfes Rablinghausen gesammelt wurden. Dort wird seit 1999 unter dem Motto „Wohnen geht vor Pflege“ der Hauswirtschaft als eigenständiger Betreuungsdienstleistung in der Altenpflege ein gleichberechtigter Stellenwert neben der Pflege eingeräumt.

Da die Arbeit von hauswirtschaftlichen Kräften in Hausgemeinschaftsprojekten in der Altenpflege in hohem Maße erfahrungsgeleitet, selbst organisiert und komplex ist, stoßen traditionelle Schulungen, in denen fachliches Wissen vermittelt wird, an ihre Grenzen.

Die Bremer Heimstiftung nutzt zur Ermittlung des Weiterbildungsbedarfes drei Instrumente:

- Erstellung einer Fähigkeitsmatrix,
- Erfahrungsberichte der Mitarbeiterinnen und Mitarbeiter sowie von Bewohnerinnen und Bewohnern,
- Beobachtung und Erhebung der Leistungserbringung während des täglichen Ablaufs in einer Wohnküche

über einen strukturierten Erfassungsbogen (vergl. Kapitel 3: Basismodule).

Erklärtes Ziel ist es, trägerintern Schulungen zu organisieren und das Instrument des Wissenstransfers über die Grenzen des jeweils eigenen Hauses zu nutzen. Aus diesem Grund hat die Bremer Heimstiftung mit ihren Kooperationspartnern nachfolgend aufgeführte Schulungs- und Weiterbildungsmodelle entwickelt:

- Weiterbildungskonzept für Alltagsbegleiterinnen und Alltagsbegleiter,
- Konzept für die Schulung hauswirtschaftlicher Mitarbeiterinnen und Mitarbeiter sowie verantwortlicher Leitungskräfte in Hausgemeinschaftsprojekten in der Altenpflege,
- Basismodule (zwei Stunden) als Einstiegsschulung und Auffrischung für hauswirtschaftliche Hilfskräfte in Hausgemeinschaften/Wohnküchen.

2 Weiterbildungskonzept Alltagsbegleiterinnen und Alltagsbegleiter

Um den vielfältigen Herausforderungen gerecht zu werden, benötigen die Mitarbeiter eine auf die Hausgemeinschaftskonzeption ausgerichtete Weiterbildung, die eine Synergie zwischen Anteilen der Pflegeausbildung zum einen und Aspekten der Hauswirtschaftsausbildung zum anderen bildet. Mit monetärer Unterstützung des Kuratoriums Deutsche Altershilfe und Dozenten aus der Altenpflegeschule und der Stabsstelle Qualität/Controlling der Bremer Heimstiftung, dem Tochterunternehmen Bremer Dienstleistungs-Service GmbH, dem Schulzentrum Neustadt (Fachrichtung Ernährung und Hauswirtschaft) sowie weiteren Kooperationspartnern wurde eine spezifische interne Weiterbildungsmaßnahme (Start 2001) für Mitarbeiterinnen und Mitarbeiter in Wohnküchen/Hausgemeinschaften erarbeitet.

Die wichtigsten Lernziele sind:

- Erwerb der nötigen Kompetenzen zur selbstständigen Führung einer Wohnküche,
- Verbesserung der Sozialkompetenz und Aneignung von weiteren Schlüsselqualifikationen zum Umgang mit älteren und verwirrten Menschen.

Als **Zielgruppe** wurden insbesondere ungelernte Mitarbeiterinnen und Mitarbeiter in Wohnküchen oder Personen, die eine derartige Tätigkeit anstreben, angesprochen. Als Voraussetzung für die Teilnahme gelten Grundkenntnisse, die durch Praxiserfahrung wie zum Beispiel

- Berufserfahrung, Freiwilliges Soziales Jahr,
- 6-Wochen-Kurs zur Pflegehelferin und mindestens ein Jahr Berufserfahrung,
- Familienhilfe (mindestens ein Jahr) bzw. Pflege von pflegebedürftigen Angehörigen ...

erworben wurden. Zurzeit werden nur Mitarbeiterinnen und Mitarbeiter aufgenommen, die für die Bremer Heimstiftung, die Bremer Heimpflege gGmbH oder die Bremer Dienstleistungs-Service GmbH tätig sind.

Konzeption der Weiterbildung

Die Weiterbildung ist für zwölf Wochen konzipiert, einschließlich eines Praxistages innerhalb der Schulungswoche

	400	Theoriestunden
+	80	Praxisstunden
=	**480**	**Stunden**

Diese zwölf Wochen verteilen sich über einen Zeitraum von 24 Monaten (integrierte berufsbegleitende Weiterbildung) und sind in sechs Teilbereiche gegliedert:

1. Einführung und übergreifende Themen der Altenhilfe
2. Hauswirtschaft
3. Pflege und Betreuung
4. Kommunikation und Gruppendynamik
5. Zehn Praxistage mit Begleitung (jeweils am Donnerstag einer Schulungswoche)
6. Zehn Reflexionstage (Verknüpfung, Reflexion und Umsetzung des Erlernten)

Tab. 1: Rahmenstundenplan der Weiterbildung „Alltagsbegleiter"

1. Einführung und übergreifende Themen (80 Stunden)		
Stunden	**Thema**	**Inhalte**
4	Einführung	❖ Ausbildungsinhalte ❖ Ausbildungsziele
4	Demographische Entwicklung in Deutschland	❖ Altersstruktur ❖ Pflegebedürftigkeit ❖ das Alter ist „weiblich"
20	Situation älterer Menschen	❖ Modelle des Alterns ❖ physische, psychische, geistige und soziale Veränderungen ❖ Selbstwertproblematik
16	Situationsbeschreibung der Altenhilfe/-pflege	❖ Definition der unterschiedlichen Versorgungsangebote ❖ Beleuchtung der unterschiedlichen Betreuungskonzepte
4	Organisationsstrukturen in Altenheimen	❖ Organigramm ❖ Aufbau- und Ablaufstrukturen
8	Rechtliche Rahmenbedingungen	❖ Pflegeversicherungsgesetz ❖ Heimgesetz – Bundessozialhilfegesetz
8	Pflegeprozess	❖ Einführung in die Methode
8	Qualitätsmanagement	❖ Standards und Arbeitsanweisungen
8	Berufskunde	❖ Stellenbeschreibungen ❖ Berufsverbände

2. Hauswirtschaft (80 Stunden)		
Stunden	**Thema**	**Inhalte**
6	Räumliche Gestaltung/Ambiente	❖ Farben, Licht, Lärm
10	Arbeitsorganisation und -gestaltung	❖ REFA/Ablauf- und Aufbauorganisation/ Haushaltsführung ❖ Arbeitszeitbedarf/Arbeitsbedingungen ❖ Arbeitsplatzgestaltung ❖ Arbeitssicherheit
4	Wäsche	❖ Grundzüge der Wäschereinigung/ Leasingwäsche ❖ hygienische Anforderungen
4	Wohnungsreinigung	❖ Grundzüge der Wohnungsreinigung/ Reinigungspläne
8	Hygiene	❖ Hygienerichtlinien ❖ EU-Hygieneverordnung ❖ Desinfektions- und Reinigungsmittel ❖ Lebensmittelhygieneverordnung
24	Ernährung im Alter	❖ physiologische Veränderungen im Alter mit Auswirkungen auf die Ernährung ❖ Diäten/Kostformen
4	Ver- und Entsorgung	❖ Abfall ❖ Umweltschutz (Energie)
4	Betriebsmittel	❖ Sachmittel- und Gerätekunde
16	Bewohnerbeteiligung	❖ Einbindung der Bewohnerinnen und Bewohner in die Alltagsgestaltung

3. Pflege und Betreuung (80 Stunden)		
Stunden	**Thema**	**Inhalte**
8	Krankenbeobachtung und Vitalzeichen	❖ Blutdruck, Puls, Temperatur, Atmung, Ausscheidung
20	Krankheitsbilder	❖ Neurosen, Demenz, Psychosen, Wahn ❖ Parkinson ❖ Schlaganfall
20	Körperliche Behinderungen	❖ Querschnittslähmung, sonstige Lähmungen ❖ Veränderung der Sinneswahrnehmung (Hören, Sehen, Fühlen, Riechen, Schmecken)
4	Pflegehilfsmittel	❖ insbesondere Hilfen beim Anreichen von Speisen
4	Rückenschonendes Arbeiten	❖ Heben und Tragen
16	Wahrnehmungstraining	❖ Beobachtung und Selbsterfahrung
8	Erste-Hilfe-Maßnahmen	❖ Notfallplan/Erste Hilfe bei Notfällen

4. Kommunikation und Gruppendynamik (80 Stunden)		
Stunden	**Thema**	**Inhalte**
20	Biografiearbeit	❖ Stellung der Frau/Geschichte ❖ Gesprächsführung ❖ Schuldgefühle/Respekt ❖ Geduld und Austausch
20	Gruppenprozess	❖ Einbindung ins Team/Einbindung in die Wohngruppe ❖ Ansprechperson für Angehörige und Ärzte ❖ Motivation
20	Krisenbewältigung	❖ Einzug einer Bewohnerin/eines Bewohners ❖ Ansprechperson für Angehörige und Ärzte ❖ Motivation
20	Pflegeprozess	❖ Alltags- und Pflegeplanung/ Dokumentation

Am Praxistag (in der Regel Donnerstag) werden die theoretischen Lerninhalte in die Praxis umgesetzt bzw. Hospitationen durchgeführt. Der praktische Einsatz erfolgt direkt nach einer theoretischen Einheit. Folgende Inhalte mit jeweils acht Stunden Praxis sind geplant:

- Lebensmittelzubereitung, insbesondere Diäten,
- Arbeitsorganisation und Arbeitsplatzgestaltung in der Hauswirtschaft/Arbeiten nach Standards,
- Mitwirkung bei der Erstellung einer Biografie/Alltags- und Pflegeplanung/Beschreiben und Schreiben,
- Einsatz von Hilfsmitteln und rückenschonendes Arbeiten,
- räumliches Gestalten,
- Bewohnerbeteiligung – Validation,
- Zusammenarbeit mit anderen Berufsgruppen/gezielte Informationsweitergabe,
- Beobachtung (Krankenbeobachtung/Wahrnehmungstraining),
- Hospitationen.

Nach dem Praxistag wird der Freitag zur Reflexion der Praxiserfahrung genutzt. Zu den oben genannten Praxisthemen wird jeweils ein Arbeitsauftrag erteilt. Dieser wird schriftlich bearbeitet und am Reflexionstag vorgelegt. Die Eigenreflexion der Praxiserfahrung wird durch Austausch in der Lerngruppe ergänzt. Dabei sollen durch Erfahrungsaustausch Problemlösungen erarbeitet werden. Einen Überblick über den Ablauf gibt Abbildung 1.

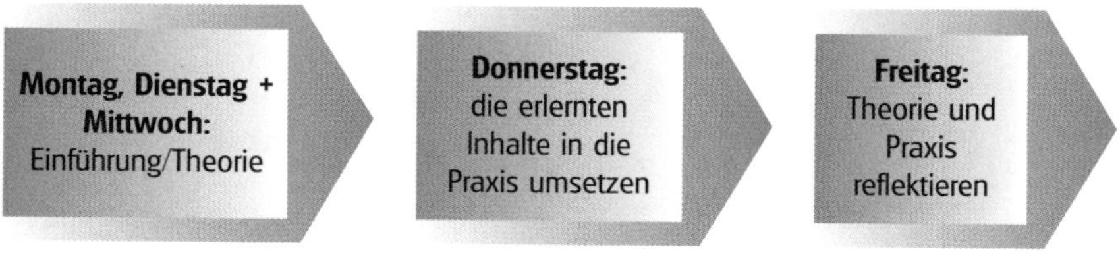

Abb. 1: Ablauf der Lehrgangswochen

Quelle: Bremer Heimstiftung (Hrsg.); Weiterbildungskonzept Alltagsbegleiterinnen. Bremen 2001

Die Teilnehmerinnen und Teilnehmer mussten sich vor Beginn der Maßnahme für eine weitere Betriebszugehörigkeit von drei Jahren in der Bremer Dienstleistungs-Service GmbH, beginnend ab dem Tag der Beendigung der Schulung, verpflichten. Die anzurechnenden Kosten der Weiterbildung (nach Abzug der Förderung durch das Kuratorium Deutsche Altershilfe und den Eigenleistungen der Dozenten der Bremer Heimstiftung und der Bremer Dienstleistungs-Service GmbH) belaufen sich auf 600 Euro je Teilnehmer/in. Ein früheres Ausscheiden führt zu einer anteiligen Rückvergütung.

Die zweite Weiterbildungsmaßnahme konnte mit zwölf Teilnehmerinnen im Oktober 2005 beendet werden. Die Absolventinnen des Kurses haben die Möglichkeit, nach einer Vorbereitungsphase in Kooperation mit dem Schulzentrum Neustadt (Bremen) im Sommer 2006, die Prüfung zur „Hauswirtschafterin" abzuschließen. Diese Möglichkeit wurde schon von sechs Teilnehmerinnen des ersten Kurses genutzt.

Die Teilnehmerinnen werden derzeit überwiegend als Alltagsbegleiterinnen in den Wohnküchen bzw. als Bereichshilfen für Hausgemeinschaften eingesetzt.

Nach Abschluss der Maßnahme werden Alltagsbegleiterinnen, die eigenverantwortlich eine Wohnküche organisieren und über eine zweijährige Berufserfahrung verfügen, im hauseigenen Tarifvertrag der Bremer Dienstleistungs-Service GmbH zwischen Pflegehilfen und Pflegefachkräften eingestuft.

Durch die Erfahrungen der ersten beiden Kurse wurde die Planung des 3. Kurses (Start Dezember 2005) modifiziert. Bei der Modifizierung stand jedoch nur die Reihenfolge der einzelnen Kurselemente im Vordergrund, nicht die Kursinhalte. So wurde unter anderem die Lehrgangswoche Kommunikation von der siebten auf die erste Lehrgangswoche verlegt. Diese Kurswoche wurde so umkonzipiert, dass die neuen Teilnehmerinnen sich kennen lernen und ihre jetzigen Aufgabengebiete theoretisch und teilweise auch direkt vor Ort präsentieren.

Parallel zur Ausbildung wurde ebenfalls mit Mitteln des Kuratoriums Deutsche Altershilfe ein Projekt zur Evaluierung der Lernerfahrungen der hauswirtschaftlichen Betreuungskräfte im Hausgemeinschafts-Projekt Rablinghausen und Transformation der Erfahrungen in ein Schulungskonzept entwickelt.

3 Konzept für die Schulung hauswirtschaftlicher Mitarbeiterinnen und Mitarbeiter sowie verantwortlicher Leitungskräfte in Hausgemeinschaftsprojekten in der Altenpflege

Ziel des Konzepts ist es, die Erfahrungen der hauswirtschaftlichen Mitarbeiterinnen im Projekt Rablinghausen vor allem in ihrer neuen Rolle als betreuende Mitarbeiterinnen zu ermitteln, sie zusammenzufassen und sie immer wieder mit den Zielvorgaben des Projekts abzugleichen. Darüber hinaus sollten die Ergebnisse und Rückschlüsse für die Mitarbeiterinnen direkt, aber auch trägerübergreifend für die Organisation nutzbar gemacht werden.

Die Schulung soll:

- einen Reflexionsrahmen für den Wissenstransfer erfahrener und weniger erfahrener Akteure bieten,
- für die Vorbereitung von Leitungskräften in neuen oder geplanten Projekten geeignet sein,
- zur Qualitätsentwicklung und -sicherung dienen (Qualitätsmanagement),

- als Einstiegsschulung und praxisbegleitende Schulung angeboten werden können.

Das Schulungskonzept besteht aus vier Modulen, die jeweils besondere Aspekte der Betreuung in Hausgemeinschaften in den Mittelpunkt rücken. Die Module bilden in sich geschlossene Einheiten, beinhalten aber auch Verweise auf die jeweils folgenden oder zurückliegenden Module und bauen aufeinander auf.

Durch den modularen Aufbau ist es möglich, einzelne Themen in kürzeren abgeschlossenen Einheiten zu vermitteln. Auf allen Ebenen sind dabei „Lernpartnerschaften" als Instrument ausdrücklich erwünscht, um durch Austausch vorhandenes Wissen nutzbar zu machen. So können neue Mitarbeiterinnen und Mitarbeiter am Wissen erfahrenerer Kolleginnen und Kollegen partizipieren. Die Verfasser des Schulungskonzeptes sprechen in diesem Zusammenhang von „Explizierung impliziten Wissens", von so genannten „organisationalen Wissensspeichern", also der Gesamtheit von Erfahrungen und Kenntnissen in einer Organisation, die auf diese Weise genutzt werden kann.

Modul 1: Die neue Rolle der hauswirtschaftlichen Mitarbeiter
Das neue Tätigkeitsprofil der hauswirtschaftlichen Mitarbeiterinnen und Mitarbeiter, das nun auch große Teile betreuender Aufgaben umfasst, steht im Mittelpunkt des ersten Moduls. Der Arbeitsalltag verlangt neben der eigentlichen hauswirtschaftlichen Aufgabenerledigung eine hohe persönliche Präsenz sowie Einfühlungs- und Handlungsvermögen in Bezug auf betreuerische Tätigkeiten. Die hauswirtschaftliche Mitarbeiterin muss sich einerseits in ihren Tätigkeiten zur Pflegekraft abgrenzen, andererseits aber auch eng mit ihr zusammenarbeiten, so dass sich eine Kompetenzpartnerschaft entwickeln kann.

Die vielseitigen Anforderungen an die Hauswirtschaftskräfte sollen bewusst gemacht werden, wobei es darauf ankommt, deren Bewältigung als lösbare Aufgabe darzustellen und damit das Selbstverständnis und Selbstbewusstsein der hauswirtschaftlichen Mitarbeiterinnen und Mitarbeiter zu stärken.

Das Bewusstsein über das eigene Handeln und über die geforderten Aufgaben soll genutzt werden, um in Stärken-

Schwächen-Analysen Fähigkeiten anderer Mitarbeiter und eigene Lernbedarfe zu ermitteln, die wiederum die Grundlage für angestrebte Lernpartnerschaften bilden.

Modul 2: Atmosphäre als Grundlage für die Aktivierung der Bewohner

Die Bedeutung einer wohnlichen Atmosphäre für die Aktivierung der Bewohnerinnen und Bewohner und die Möglichkeiten der Mitarbeiterinnen und Mitarbeiter, diese Atmosphäre zu „schaffen", werden in diesem Abschnitt vermittelt.

Eine angenehme Atmosphäre ist einerseits stark von baulichen und konzeptionellen Vorgaben geprägt, hängt aber andererseits auch stark von dem Willen und den individuellen Fähigkeiten der einzelnen Mitarbeiterinnen ab, inwieweit sie bestehende Möglichkeiten nutzen, um eigene Vorstellungen zu entwickeln, einzubringen und umzusetzen. Das Zustandekommen einer „besonderen" Atmosphäre und der mögliche eigene Beitrag werden beleuchtet und die Elemente zur Erzeugung einer anregenden, positiven, gemeinschaftlichen, häuslichen Atmosphäre sollen bewusst gemacht werden.

Bei der Entwicklung des Schulungskonzeptes wurden die Praxiserfahrungen der hauswirtschaftlichen Mitarbeiterinnen einbezogen.

Diese können nun als so genannte „Erfahrungslandkarten" in die Schulungen eingebracht, überprüft und durch Erkenntnisse der Schulungsteilnehmer erweitert werden.

Modul 3: Einbindungsstrategien der hauswirtschaftlichen Betreuungskräfte

Die hauswirtschaftlichen Betreuungskräfte werden in Hausgemeinschaften besonders gefordert, da sie ständig den Bewohnern zugewandt sein müssen. Zusätzlich stellt der alltägliche Umgang mit demenzerkrankten Menschen eine besondere Herausforderung dar.

Dabei sollen sie zum einen die Aktivierung und Einbindung der Bewohnerinnen und Bewohner im Hinblick auf deren Teilnahme an den häuslichen Verrichtungen sowie bei der Freizeitgestaltung erreichen; zum anderen müssen sie aber auch mit den in allen Seniorenheimen vorhandenen kritischen Situationen mit verwirrten, dementen, aggressiven oder misslaunigen alten Menschen umgehen können.

Die hauswirtschaftlichen Betreuungskräfte sollen in diesem Modul situationsgerechtes Verhalten und Handeln im Alltag lernen. Ihnen soll die Balance zwischen professioneller Distanz und emotionaler Nähe vermittelt werden, um Überforderungen und Burn-out-Syndromen vorzubeugen.

Auch hier werden die persönlichen Erfahrungen der Mitarbeiterinnen und Mitarbeiter über „Erfahrungslandkarten“ (vergl. Abb. 2) erfasst und ermöglichen somit einen Wissenstransfer über den Tätigkeitsbereich der einzelnen Mitarbeitenden hinaus.

Abb. 2: Erfahrungslandkarte „Aktivierungsstrategien“

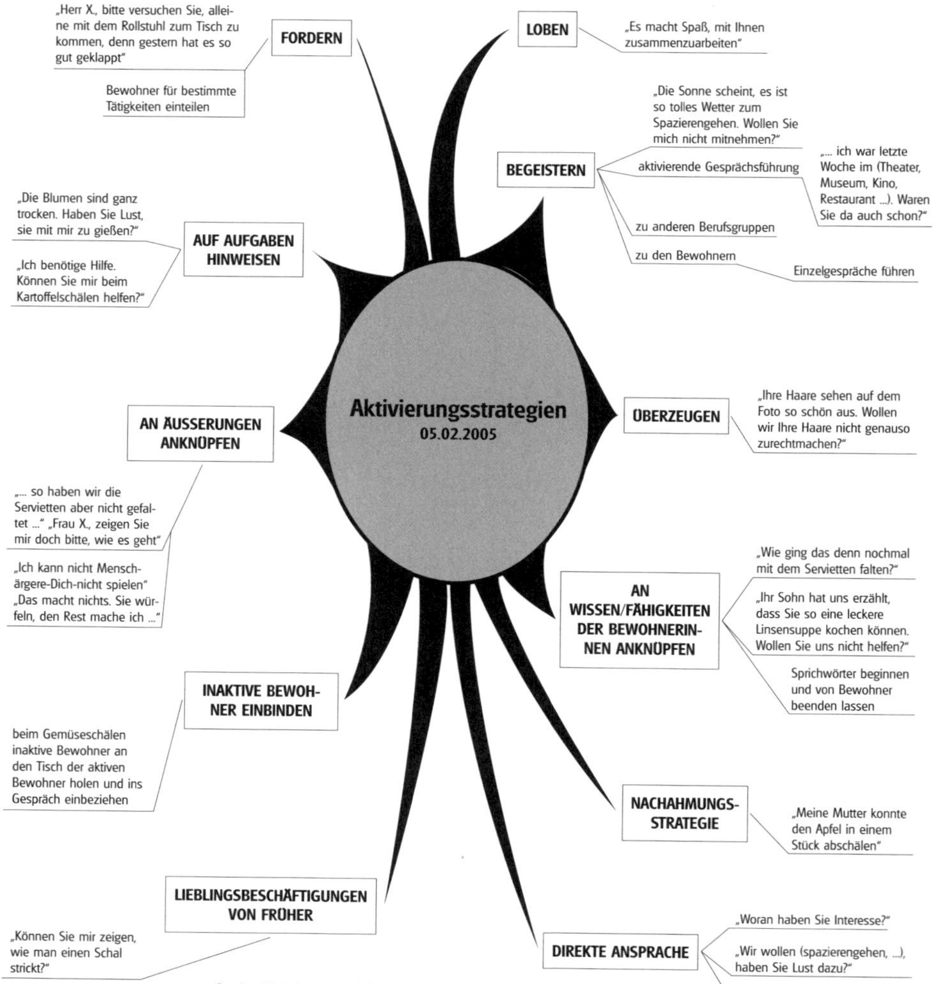

Quelle: Workshop zum Schulungskonzept; Darstellung der Erfahrungslandkarte „Aktivierungsstrategien“. Bremen 2005

Modul 4: Kommunikationsfähigkeit der hauswirtschaftlichen Mitarbeiter

Den Abschluss des Schulungskonzeptes bildet das Thema Kommunikation. Dabei geht es darum, Kommunikation überhaupt erst einmal als bedeutsam im betreuerischen Umgang wahrzunehmen. Kommunikationsfallen, wie zum Beispiel bestimmte Sprechautomatismen, werden reflektiert, aber auch das eigene Kommunikationsprofil ist zu überprüfen und Kommunikationsalternativen werden aufgezeigt. Wichtig bei diesen beiden letztgenannten Teilen ist besonders das Ausprobieren von neuen Verhaltensweisen, daher sind Rollenspiele und das Erproben von Verhaltens- und Sprechalternativen wichtige Bestandteile der Schulung.

4 Praktische Umsetzung

Sechs Moderatorenteams, gebildet aus Hauswirtschaftsleitungen der Häuser der Bremer Heimstiftung, die im Januar 2005 in einem train-the-trainer-Seminar mit dem Schulungskonzept vertraut gemacht wurden, haben von Ende April bis Oktober 2005 über 90 Mitarbeiterinnen und Mitarbeiter der Hauswirtschaft geschult.

Dabei wurden die Moderatorenteams ausdrücklich nicht im eigenen Hause aktiv, sondern stellten sich anderen Häusern zur Verfügung und trugen so zu mehr Transparenz und Austausch zwischen den einzelnen Einrichtungen bei.

Im Nachgang wurde mittels eines Fragebogens an die Moderatoren die Wirksamkeit dieser Schulungsmaßnahme überprüft. Die Auswertung der Fragebögen belegt, dass das vorliegende Schulungskonzept ein sehr sinnvolles und praktikables Instrument zur Mitarbeiterqualifizierung im besonderen Feld des Rollen- und Selbstverständnisses hauswirtschaftlicher Dienstleistung im Rahmen neuer Wohn- und Betreuungsformen darstellt.

Für die Hauswirtschaftsleitungen war die neue Rolle als Moderator/Trainer auch eine besondere Herausforderung. Natürlich sind die Hauswirtschaftsleiterinnen nicht gleich Moderationsprofis. Doch durch das sehr detaillierte Anleitungsbuch und die Erfahrungen des Workshops fühlten sich die HWL für diese Aufgabe gut vorbereitet. Sie begreifen diese neue Herausforderung als Bereicherung und Professionalisierung ihrer beruflichen Position.

5 Basismodule (zwei Stunden) als Einstiegsschulung und Auffrischung

Hauswirtschaftliche Mitarbeiterinnen und Mitarbeiter in Hausgemeinschaften/Wohnküchen sind keine hauswirtschaftlichen/pflegerischen Fachkräfte. Deshalb müssen grundlegende Kenntnisse vermittelt werden. Aufgrund rechtlicher Vorschriften ist es immer wieder erforderlich, die Kenntnisse aufzufrischen. Um den jeweiligen Bedarf zu ermitteln, wurden in der Bremer Heimstiftung in sechs Wohnküchen (acht Stunden) mittels eines strukturierten Erhebungsbogens folgende Kriterien beobachtet und schriftlich erfasst:

- Arbeitsorganisation/Hygiene,
- Schnittstellen Wohnküchen-Mitarbeiter und Mitarbeiter Pflege/Betreuung,
- Umgang mit Bewohnern, die sich nicht aktiv am Wohnküchen-Geschehen beteiligen,
- Einbindung von Bewohnern.

Weiterhin wurden über eine Zeitschiene die Beteiligung der Bewohnerinnen und Bewohner am Geschehen in einer Wohnküche und die Arbeitsläufe der Mitarbeiterinnen und Mitarbeiter ermittelt.

Daraus abgeleitet können nun mögliche Basismodule in den neuen Fortbildungskatalog aufgenommen werden [Beispiele]:

Pflegeplanung – Pflegedokumentation

- Pflegeplanung und -dokumentation unter Berücksichtigung hauswirtschaftlicher Gesichtspunkte,
- hauswirtschaftliche Merkmale aufnehmen und individuelle Ressourcen für den Pflegeprozess erkennen,
- das Ergebnis der Maßnahmen in der Dokumentation erfassen.

Hygiene

- Schulungen der Mitarbeiter zur Umsetzung der gesetzlichen Verpflichtungen,
- Erfassung der Hygienesituation in Wohnküchen,
- Einweisung in Standards und Hygienepläne.

Ernährung

- Ursachen von Mangelernährung,
- Erkennen von Unterernährung und Dehydratation,
- präventive Maßnahmen.

Demenz/Validation

- Verhalten von Menschen mit Demenz verstehen,
- allgemeine Umgangsregelungen,
- Interaktion mit Demenzkranken,
- Kommunikationsregeln.

Die Durchführung der Basisschulungen erfolgt üblicherweise als Inhouse-Schulungen. Inhalte und Dauer der Schulungen werden je nach Kenntnisstand der Mitarbeiter, den gesetzlichen Rahmenbedingungen und den Standards der Bremer Heimstiftung individuell angepasst.

Die Schulungen werden durch Mitarbeiterinnen und Mitarbeiter der Schule für Altenpflege der Bremer Heimstiftung, der Stabsstelle Qualität/Controlling und der Bremer Dienstleistungs-Service GmbH durchgeführt.

6 Perspektiven

Die beschriebenen Konzepte tragen einen wesentlichen Teil zur Optimierung der Betreuung von älteren Menschen durch hauswirtschaftliche Mitarbeiterinnen und Mitarbeiter bei. Die veränderten Anforderungen an diese Mitarbeiter, zum Beispiel die Zunahme der Verantwortung, die Gewichtung der neuen Tätigkeit – vorher als Zulieferer für die Pflege, jetzt als „Alltagsbegleiterinnen" für die Bewohnerinnen und Bewohner usw. – erfordern neben bereits genannten Einstiegsschulungen weitergehende Maßnahmen. Hierbei kommt den verantwortlichen Leitungskräften (Hauswirtschaftsleitungen) eine wichtige Rolle in der Begleitung der Mitarbeiterinnen und Mitarbeiter zu. Es gilt, den jeweilig benötigten Schulungsbedarf zu analysieren, eine ständige Beratung zu gewährleisten und adäquate Weiterbildungen sicherzustellen.

Der Schulungsbedarf hauswirtschaftlicher Mitarbeiterinnen und Mitarbeiter muss sich auch auf die neuen Herausforderungen der Altenpflege einstellen. Hier sind insbesondere die Betreuung der zunehmend demenziell erkrankten Menschen in den Altenpflegeeinrichtungen, aber auch die Konzeption neuer Wohn- und Betreuungsformen, die deutlich ambulanten Prinzipien entsprechen sollten (Wohngemeinschaften in Stadtteilen, Tagesgruppen, Nachtcafes usw.), zu nennen. Insbesondere in diesen Bereichen sehen wir für die Hauswirtschaft insgesamt ein verändertes Betätigungsfeld.

Quellenverzeichnis

Bremer Heimstiftung (Hrsg.) Reisig, G./Derboven, W.: *Konzept für die Schulung hauswirtschaftlicher MitarbeiterInnen und verantwortlicher Leitungskräfte in Hausgemeinschafts-Projekten in der Altenpflege. Bremen, November 2003*

Bremer Heimstiftung (Hrsg.): *Weiterbildungskonzept Alltagsbegleiterinnen. Bremen 2001*

Bremer Heimstiftung (Hrsg.): *Workshop zum Schulungskonzept Darstellung der Erfahrungslandkarte „Aktivierungsstrategien". Bremen 2005*

Autorinnen und Autoren

Biedermann, Markus
Diplom-Gerontologe und Eidgenössisch Diplomierter Küchenchef. E-Mail: forum99@bluewin.ch

Böttjer, Monika
Hauswirtschaftliche Betriebsleiterin und Fachkauffrau für Einkauf und Materialwirtschaft. Geschäftsführerin Bremer Dienstleistungs-Service GmbH.
E-Mail: monika.boettjer@bremer-dienstleistungen.de

Feulner, Martina
Diplom-Oecotrophologin. Mitglied des Vorstands der Deutschen Gesellschaft für Hauswirtschaft.
E-Mail: feulnerm@caritas.de

Grünig, Ulrike
Diätassistentin und Diplom-Oecotrophologin (FH). Freiberufliche Beraterin. E-Mail: ulrike.gruenig@freenet.de

Leicht-Eckardt, Elisabeth
Hauswirtschafterin, Diplom-Oecotrophologin und Dr.oec. troph. Professorin für Haushalts- und Wohnökologie an der Fachhochschule Osnabrück
E-Mail: E.Leicht-Eckardt@fh-osnabrueck.de

Loch, Stefan
Krankenpfleger, Diplom-Oecotrophologe (FH) und Diplom-Gerontologe. Geschäftsführer Bremer Stiftungs-Service GmbH. E-Mail: Stefan.Loch@stiftungs-service.de

Oberle, Ralf
Diplom-Pädagoge. Geschäftsbereichsleiter apetito consult.
E-Mail: Ralf.Oberle@apetito.de

Sennlaub, Angelika
Köchin, Diplom-Oecotrophologin und Dr. oec.troph. Lehrbeauftragte der Fachhochschule Fulda, Freiberufliche Beraterin.
E-Mail: angelika.sennlaub@gmx.de